Camila Raznovich

M'ammazza

Diario di una mamma politicamente scorretta

Rizzoli

ISBN 978-88-17-05159-0

Prima edizione: settembre 2011

Impaginazione e redazione: PEPE *nymi – Milano*

M’ammazza

Alcune (ottime) ragioni per non fare figli

La grande fregatura della maternità è che non esistono istruzioni per l'uso. Nessuno ti dice cosa significa davvero, lo devi scoprire da sola, e quando lo scopri è ormai troppo tardi: sei fottuta, finita, spacciata. Soprattutto: non puoi tornare indietro. Prima, nessuno ha il coraggio di dirti la verità. Tutti mentono sapendo di mentire. Si affannano a nascondere la reale portata apocalittica della situazione, mascherandola dietro espressioni come «lieto evento», «stato interessante», «dolce attesa». L'evento sarà lieto soprattutto per quelli che il bambino verranno a spupazzarselo per due ore una volta al mese, ma poi torneranno nelle loro case *child-free*, quelle che ancora ospitano soprammobili in vetro. Il tuo stato, più che interessante, sarà affaticante, soprattutto negli ultimi mesi. Infine, vorrei che qualcuno mi spiegasse cosa c'è di dolce nel vomitare tutte le mattine, vedere il tuo corpo che si gonfia come un canotto e trasformarti in una specie di lupo mannaro sotto l'effetto degli scompensi ormonali. Durante la gravidanza, niente sushi né caffè, proibite le terme, obbligo di indossare detestabili premaman, addio al sesso per i primi tre mesi. Dopo, guerra ai giardinetti con gli altri nani e le loro insopportabili madri, monologhi notturni con il tiralatte, occhiaie d'ordinanza per almeno un anno e appuntamento quotidiano con la bilancia per tentare di rinfilarsi in quei jeans che in realtà non potrai mai più mettere (mica penserai di poter tornare *esattamente* come prima, vero?).

Quello che si dice sulla maternità è una bugia che si è inventato qualcuno del marketing, ed era sicuramente un uomo; che poi lo abbia fatto per vendere montagne di pannolini o per assicurare ai maschi il diritto alla riproduzione è irrilevante: ormai la frittata è fatta. È un inganno collettivo che si consuma con la complicità di quelle che mamme già lo sono, tutte zucchero e sorrisetti estatici, colori pastello e felicità sbandierata ai quattro venti. Non farti abbindolare dalle loro ostentazioni: cercano solo di vendicarsi del fatto che, quando era il momento, nessuno le ha avvisate di quello che le attendeva. Desiderano che anche tu subisca la stessa sorte. Cercheranno di indurti in tentazione mettendoti in braccio il loro neonato, ma non farti intenerire: volevano soltanto liberarsene per qualche minuto.

Non lasciarti fregare nemmeno dalle riviste di settore: straripano di foto di donne incinte al venticinquesimo mese che sorridono graziose come se quella mongolfiera che si ritrovano al posto della pancia fosse facile e chic da portare in giro quanto una pochette; tutti i loro bambini sono biondi e hanno il viso angelico delle creature che non piangono mai; i neonati sono rosei, morbidi come *marshmallows* e dormono sempre. Ecco, basta grattare con l'unghia la superficie patinata di quelle copertine, che sotto lo sbrilluccichio emergerà intatta la cupa, plumbea realtà: la maternità può essere l'esperienza più difficile che tu abbia mai provato.

Come in *Matrix*, ti ritroverai in un universo parallelo, senza più coscienza dello stato precedente. Hai idea di cosa significhi *veramente* un figlio nella tua vita di tutti i giorni? Innanzitutto, significa che non avrai più una *tua vita*. Poi significa ritrovarti col pavimento di casa ridotto a un campo minato (mai provato i mattoncini Lego sotto la pianta del piede?). Sentire l'urlo disumano «Mamma ho finito» provenire tutti i giorni dal cesso. Scoprire il tuo rossetto preferito spalmato sull'oblò della lavatrice.

Ritrovarti in vacanza senza mutande perché al tuo bagaglio hai dedicato tre minuti e al suo due giorni. Imparare un linguaggio da idioti per comunicare con il bebè. Sentirti dire «Quanto ti assomiglia» quando la sua faccia è quella grinzosa di un neonato appena sfornato.

Ma è ora di dire basta. È ora di squarciare il velo e rivelare il trucco. Di dare inizio a una rivoluzione del mamma-pensiero e abolire una volta per tutte il politicamente corretto. Per esempio, lo sapevate che il termine gravidanza deriva – nientepopodimeno – dal latino *gravidus* cioè «pesante, che porta dentro di sé un carico, un peso»? Ecco, facciamo come i Romani, cominciamo a dare importanza alle parole!

Fare un figlio vuol dire caricarti di un fardello di cui non ti libererai mai più. Nella peggiore delle ipotesi ti resterà attaccato come una cozza fino ai quarant'anni; nella migliore, a diciotto anni deciderà di cercarsi la sua strada, ti dirà «Arrivederci e grazie» e, siccome si sarà fatto una vita all'estero, non tornerà mai a farti da badante quando sarai vecchia. Non per questo, tuttavia, smetterà di assorbire ogni tuo pensiero, ogni tua energia, ogni tuo attimo. Perché un figlio rimane un figlio fino alla fine dei tuoi giorni: a due anni hai paura che ingoi un'oliva e soffochi, a otto che sia vittima di bullismo a scuola, a sedici che caschi dal motorino – e finché non senti le chiavi nella toppa non chiudi occhio; a ventiquattro temi che la persona sbagliata gli possa spezzare il cuore, a quaranta il cuore si spezza a te quando ti dice che sta per divorziare...

Ti senti pronta per affrontare tutto questo? Pensaci bene: non fare un figlio se vuoi continuare a essere il centro del tuo universo. A meno che tu non abbia quindici tate e una schiera di puericultrici, in ogni secondo della giornata *lui* sarà la tua prima, unica ed esclusiva preoccupazione. E per i primi due anni dovrai rinunciare completamente a te stessa.

Non fare un figlio se non pensi di avere il compagno giusto. Già è una battaglia improba, vedi di arrivarci almeno bene armata e con qualcuno in grado ti coprirti le spalle.

Non fare un figlio perché tutte le tue amiche ne hanno uno. Certo, hanno anche l'ultimo modello di Louis Vuitton. Con la differenza che la Louis Vuitton quando ti stufa puoi abbandonarla in un cassonetto senza essere arrestata.

Non fare un figlio perché il tuo lui sta pensando di lasciarti. Ti mollerà lo stesso, e per te sarà ancora più difficile trovare un nuovo compagno con un pancione di otto mesi.

Non fare un figlio perché adori quei minuscoli vestitini rosa: avrai un maschio, puoi scommetterci.

Non fare un figlio perché il tuo lavoro non ti soddisfa: ti soddisferà ancora meno quando dovrai timbrare alle otto dopo avere passato la notte in bianco.

Soprattutto non fare un figlio se non sei pronta a fare i conti con te stessa. Se è vero che stare con lui ti farà tornare improvvisamente bambina, preparati anche a invecchiare alla velocità della luce: niente ti dà il senso del tempo che passa come vederlo crescere. E magari scoprire assurdamente che vorresti tanto che non ti lasciasse mai.

L'ora X

La fregatura dell'orologio biologico

Ce lo ripetono come un mantra fin da piccolissime, quando l'unica cosa che ci interessa è il carillon che pende sopra la nostra culla: «Un giorno incontrerai il principe azzurro: con lui costruirai la tua famiglia e finalmente anche tu diventerai madre».

Inermi e inconsapevoli dei risvolti minacciosi e catastrofici che quella frase apparentemente innocente contiene, ci caschiamo come delle idiote; e così negli anni a venire quell'idea seminata dentro ogni piccola donna mette radici e cresce lavorando nell'ombra, amplificando l'istinto naturale inscritto nel nostro Dna femminile. Perciò ecco che a partire dai due anni circa, le bimbe iniziano a prendersi cura delle loro bambole similbebè: le vestono, le cambiano, giocano a preparar loro la pappa e le mettono a nanna. Praticamente imparano a fare le mamme prima ancora di imparare a parlare. Fa quasi impressione vedere queste nanerottole manifestare un istinto di maternità e protezione già così forte.

Da grandi, poi, le cose non migliorano: ci prendiamo cura del gatto, delle nostre amiche, del nostro uomo. Dateci tempo e diventiamo materne perfino con i nostri genitori, quasi un paradosso.

Passati i trenta, tua madre inizia a chiamarti ogni mattina per raccontarti che la figlia della cugina della sua migliore amica ha avuto un bambino. Subito dopo fa una pausa. Tu, cercando di cambiare argomento, rispondi sbrigativamente che sei molto felice per lei, ma la perfida non raccoglie. Aspetta solo di sganciare la domanda a tradimento: «E tu, cara, cosa aspetti?».

Non è solo tua madre: è tutta la società che ti pressa perché ti decida a sfornare un pupo. Oggi, come in passato, una donna senza figli è una donna «strana», non completa, esattamente come duemila anni fa. Pensavate di vivere nella modernità solo perché da cinquant'anni andare in giro in minigonna non è più reato in Italia? Sbagliato. È vero che rispetto alle nostre trisnonne abbiamo qualche benefit in più: possiamo viaggiare da sole per il mondo, abbiamo una carta di credito tutta nostra ed eventualmente possiamo anche scegliere di non volere figli. *Eventualmente*. Perché anche dentro le nostre cucine Ikea nuove di zecca continuiamo ancora a pensare, in una qualche stanzetta in fondo al nostro cervello, che il modello «angelo del focolare» sia in fondo quello più fico. Ed è anche per questo che forse ci siamo incasinate la vita: ora non dobbiamo più solo essere professioniste affermate, ma vogliamo pure tornare a essere madri attente e premurose; il tutto, possibilmente, continuando a conservarci gnocche.

Cresciamo insomma con la certezza che un giorno saremo madri, non lo mettiamo in dubbio neppure per un secondo. Quello che è cambiato rispetto a prima sono casomai le tempistiche. Una volta, a venticinque anni ti ritrovavi sposata e un anno dopo arrivava il (primo) bambino. Oggi un figlio non capita, lo si organizza: non troppo presto perché prima c'è l'università; poi parte la carriera e se resti incinta, nella migliore delle ipotesi, il tuo capo si accorge all'improvviso che il tuo collega (maschio) è molto più bravo di te; nella peggiore, rischi di non averlo nemmeno più, un collega. Così ci si ritrova nella seconda metà dei trenta, sperando di avere accanto un compagno decente con il quale metter su famiglia. E per raggiungere la qualifica di «decente» basta solo che non passi le sue serate a giocare con la PlayStation e che abbia dimostrato di saper tenere in vita almeno una pianta grassa.

Nonostante sia stata sposata dai venti ai ventisette anni, per un lungo periodo avere un figlio non era nei miei piani (devo essere proprio un mostro). Per me al primo posto c'era la carriera. Soltanto dopo aver superato la fatidica barriera dei trenta l'istinto materno ha cominciato, più o meno insistentemente, a farsi sentire. Per l'esattezza, la sveglia biologica è suonata a trentadue anni. A quel punto, mi rimaneva soltanto da trovare un padre.

Non che da quel momento mi sia messa ad andare in giro armata di quello che tecnicamente si chiama «l'occhio del compratore»; non che procedessi, cioè, scandagliando i fondali come un radar per capire se ci fosse materiale umano adatto ai miei scopi. Però, ecco, diciamo che ho cominciato a tenere le antenne ritte e tutti gli strumenti di rilevazione ben accesi, casomai mi fosse capitato a tiro qualche candidato interessante. È stato così che ho conosciuto Eugenio: io sondavo le acque, e lui è finito nella rete. Anzi, ci si è proprio gettato (si vede che era destino).

In realtà, sebbene fin da subito la mia «pancia» mi dicesse che poteva essere la persona giusta, ho deciso di prendermela comoda (perché va bene l'orologio biologico, ma non è che avessi tutta questa fretta e qualche settimana in più o in meno non facevano una gran differenza). Perciò, due giorni dopo il nostro primo appuntamento, visto che avevo già programmato il viaggio e non avevo alcuna intenzione di rinunciarci, ero partita con un'amica per la Costa Rica, dove saremmo rimaste un mese intero. Avevo salutato Eugenio con la consapevolezza che in quei trenta giorni poteva succedere di tutto: la guida prometteva bar sulla spiaggia, fiumi di alcol e surfisti seminudi ammassati al bancone. E noi partivamo al grido di «Ogni lasciata è persa». Sapevo che anche per lui le occasioni non sarebbero mancate e non mi aspettavo certo che si sarebbe tirato indietro.

La prima notte dopo il mio rientro in Italia, però, dopo essermi rigirata per un po' nel letto a causa del jet lag, mi era venuto l'istinto di chiamarlo per sentire se aveva voglia di fare un salto da me a mangiare un boccone. Non l'avrei biasimato se mi avesse risposto: «Sono le due di notte. A quest'ora non uscirei di casa nemmeno se Angelina Jolie e Scarlett Johansson mi contattassero per una cosa a tre». Invece, imperturbabile, era saltato in macchina e mi aveva raggiunto da Crema, solo per poi sentirsi ammorbare per tre ore con gli aneddoti della mia vacanza. E da vero uomo, non mi aveva nemmeno chiesto se ero stata a letto con qualcuno. Non era interessato a questi stupidi dettagli. L'unica cosa che gli importava è che in quel momento ero lì, con lui. Ho capito che aveva trascorso quel mese nell'attesa del mio ritorno; anzi, era come se quel mese di distacco fosse stato solo un giorno. Da come si comportava, era chiaro che mi considerava già «la sua fidanzata». In pratica, era una specie di principe azzurro, solo molto più divertente. Anzi, proprio un vero cazzaro, con un animo festaiolo e la battuta sempre pronta, ma allo stesso tempo dolce e sensibile. Una sorta di gigante buono, visto che è un omone di quasi due metri. E in più, gran finale, risolveva anche il mio Edipo: l'ho detto subito anche a lui che mi ricordava mio padre.

Per i primi tre mesi l'ho sottoposto a un vero e proprio *test drive*: ci frequentavamo, andavamo al cinema e a cena, dormivamo persino insieme, ma niente sesso. Volevo prima conoscerlo, capire se avevamo davvero qualcosa di importante da condividere. Mi ero appena lasciata alle spalle una storia sbagliatissima con un insicuro cronico: a letto fuochi d'artificio, fuori un disastro. Non volevo ripetere lo stesso errore. Eugenio anche sul versante «sesso» aveva avuto la pazienza di aspettarmi (poi, alla fine, una sera non ce l'ha fatta più nemmeno lui e mi è saltato addosso – ma quale vero uomo non lo avrebbe fatto?). Chi meglio di lui, dunque, poteva essere il padre dei miei figli?

Così, qualche tempo dopo, una sera al ristorante, decisi che non avevo tempo da perdere. Anche se ci frequentavamo da poco, per molti versi lui mi sembrava la persona giusta per mettere su famiglia: era un uomo solido, leale e davvero interessato a me. Cosa ancora più importante, si trattava anche di un raro esemplare di maschio risolto, uno di quelli che possono sopportare persino di guadagnare meno di te; insomma, una vera rarità. Perciò, anche se può sembrare poco romantico, misi subito le carte in tavola dicendogli a bruciapelo: «Il mio prossimo uomo sarà il padre dei miei figli: sempre interessato?».

Mi potevo aspettare qualunque tipo di reazione, a partire da «Scusa, esco a prendere le sigarette» fino a «Prima di fare un bambino posso almeno finire di mangiare?». Se mi avesse anche semplicemente detto: «Grazie, ma non sono interessato» l'avrei apprezzato, perché mi avrebbe lasciata libera di proseguire la mia ricerca di quell'essere perfetto che volevo arruolare per il mio progetto di famiglia. Non capisco quelle donne che, anche dopo una relazione di anni, hanno paura di affrontare il discorso con il proprio compagno perché temono che lui possa scappare. Capisco ancora meno quelle che incastrano qualcuno che non ha nessuna voglia di essere incastrato: oggi, ancor più che in passato, l'uomo se ne va anche se c'è un figlio, e il rischio di ritrovarsi da sole a crescere un bambino non è poi così raro.

Io sono stata fortunata. Eugenio non si è spaventato perché ha intuito lo spirito con il quale avevo deciso di parlargli: non gli stavo proponendo di fare un figlio la sera stessa, cercavo solo di capire se l'eventualità di diventare padre gli facesse orrore al solo pensiero. Troppo pragmatica? Forse sì, ma certi sentimentalismi italiani non mi appartengono. Preferisco essere più realistica – e questo fortunatamente è un altro dei vantaggi dell'affrontare la questione quando si è un po' più mature.

L'età della prima gravidanza per una donna si è alzata di parecchi anni; perché allora nascondere la testa sotto la sabbia come gli struzzi e rischiare di ritrovarsi sole a ricominciare tutto da capo quando ormai è troppo tardi per poterlo fare? La verità, per quanto spiacevole sia, è che dopo i trentatré anni non solo il culo non è più sodo come una volta, ma anche il sistema riproduttivo femminile è ritenuto vecchio. Sapete come chiamano le donne che restano incinte per la prima volta a questa età? Primipare attempate. Sì, attempate, che non è proprio come dire tardone, ma poco ci manca. Non a caso, un numero sempre crescente di donne è costretta a fare ricorso alla fecondazione assistita per realizzare il proprio sogno di essere madri.

Che ironia: passi una vita a usare (giustamente) il preservativo anche per evitare gravidanze indesiderate, e quando smetti di usarlo perché una gravidanza la desideri moltissimo, scopri che non è tutto così semplice. E allora: pronti, via!, a tenere d'occhio il calendario della tua ovulazione con la stessa attenzione con cui prima seguivi le date di inizio saldi. Facciamo l'amore? Meglio lunedì prossimo, se non ti spiace. Si prova un mese, poi quello dopo, e se non ti riesce subito vieni colta dall'ansia.

Sono poche le donne che si sentono sicure della loro possibilità riproduttiva; anche quelle più tranquille, dopo qualche mese di tentativi andati a vuoto, cominciano in genere a provare una sottile ma crescente preoccupazione. Il desiderio insoddisfatto di un figlio spesso costringe a riflettere su se stesse, sull'essere donne, sulle più profonde capacità di accogliere una vita: ci si chiede se si «riuscirà», come se il concepimento e la maternità fossero una prova, un esame, un traguardo da superare, qualcosa da dimostrare. Si identifica la fertilità con l'essere donna, con la necessità di venire completate da un figlio e di risolvere i problemi di identificazione con la propria madre e con tutto il proprio mondo femminile (salvo poi trovarsi anni dopo a ripetere a tuo figlio le frasi di tua madre che più trovavi odiose o ridicole). Allora per allontanare la paura ci si sottopone a tutti gli esami del mondo: la potenza del seme di lui e il numero di ovuli di lei, le tube, gli ormoni. A qualcuna passa persino la voglia.

Oppure si rimane incinta. E diciamoci la verità, che succeda subito o dopo mesi di tentativi, quando accade ci si sente miracolate, quasi delle prescelte. Non importa quanto disinvolta una donna vi possa sembrare quando vi parla della sua futura maternità: nel fondo del suo cuore si annida sempre il terrore di non farcela, di non riuscire ad avere bambini per i motivi più svariati. Può capitare di non sentirsi all'altezza, di percepirsi «difettose», di temere di non essere come le altre. Ed è per questo che nel momento in cui si scopre di essere incinta il primo pensiero, prima dell'emozione, prima della paura, prima di tutto è: «Allora funziono anch'io! Wow». Che sollievo.

Ci sono donne che sostengono di avere «sentito» quando sono rimaste incinte. Non statele a sentire! Quello si chiama condizionamento psicologico. Di solito non ci sono segnali palesi. Io, per dirne una, ero convinta che mi stesse per arrivare il ciclo. Certo, per un orologio svizzero come me, quattro giorni di ritardo potevano bastare a sollevare il dubbio, ma i sintomi non erano diversi da quelli di sempre: stesso seno gonfio, stessa sensazione di avere un pallone aerostatico al posto della pancia. Se quella sera, tornando dal secondo spettacolo al cinema, ho deciso di fare il test è stato solo per togliermi il pensiero e andare a letto tranquilla. Fino a quel momento non avevo detto niente a Eugenio del piccolo ritardo, perché non gli avevo dato importanza. Lui non sospettava niente e continuava a prendermi in giro come al solito, forse anche un po' per sdrammatizzare la situazione e non alimentare aspettative: «Ma figurati se sei incinta!». E pizzicandomi un fianco, aveva aggiunto: «Piuttosto, hai intenzione di costringermi anche stasera al solito tour de force?».

Fatto sta che in quell'atmosfera così frivola e goliardica, una volta arrivati a casa, sono subito corsa in bagno a fare il test. Vi lascio immaginare quando a poco a poco anche la seconda linea è diventata blu e le due linee parallele sono diventate chiaramente distinte. Colta alla sprovvista, ho smesso di ragionare per qualche secondo, in preda a una specie di black out emozionale. Non sapevo se ridere o piangere. Nel dubbio, ho fatto entrambe le cose. Ero letteralmente travolta da un vortice di sensazioni ed emozioni: felicità, euforia, paura e ancora felicità. In quel nanosecondo mi si sono accavallati tremila pensieri: «Sarò una buona madre? Il parto sarà così terribile come si vede nei film? Esisterà un passeggino che non costi quanto un monolocale? Cosa indosserò al suo matrimonio? Cazzo, sono davvero incinta! Come lo dico a Eugenio?».

Be', non c'è stato bisogno di dire nulla: l'ha capito dall'espressione ebete che avevo appena ho fatto capolino dalla porta. Quella notte l'abbiamo trascorsa insonne, seduti sul divano con un sorrisino idiota sulla faccia, a guardare ogni mezz'ora il test: ipnotizzati dalle due linee blu, continuavamo a chiederci: «Ma è proprio vero?». Eravamo spaesati, la notizia ci aveva presi in contropiede. Ma avevamo anche la faccia di chi ha appena vinto la lotteria.

A ripensarci devo ammettere che, per come siamo fatti noi, l'abbiamo scoperto nel modo migliore: esorcizzando un momento che di solito è vissuto con eccessiva sacralità. Il fatto che entrambi fossimo del tutto disillusi e impreparati ha ulteriormente amplificato una gioia, un'emozione, una felicità che già di per sé sarebbe stata travolgente. Già, perché in quel momento tutto ti sembra fantastico e ti torna in mente quella frase che ti ripetevano fin da piccola: «Finalmente anche tu diventerai madre». Ecco, ci siamo, pensi.

E in quella prima settimana o due in cui realizzi di essere davvero incinta immagini la tua vita futura di mamma come un batuffolo di cotone color rosa antico in cui tutto accade beatamente. Davanti a te sfilano immagini di felicità perfetta: tu che ti guardi allo specchio ammirando quel lieve arrotondamento delle curve che ti rende ancora più bella; tu che spingi il passeggino circonfusa da una nuvola di luce; tu che metti a letto il bebè con un bacio e lo guardi dormire come un angioletto. Insomma, uno stato di beatitudine quasi trascendentale.

Ecco: questa è tutta roba che hai visto nei film e che ti annebbia il cervello, ma è tempo che tu scopra finalmente che la realtà è di un colore molto meno pastello di così. In questo momento c'è solo una cosa di cui hai veramente bisogno: avere accanto una «già mamma» capace di metterti in guardia. Qualcuna che ci è già passata, insomma, pronta a prepararti al triathlon che stai per affrontare.

La gravidanza

Nove mesi in mongolfiera

A questo punto, quando hai capito di avercela fatta, sei solo all'inizio del viaggio. Ora viene il resto: come dirlo alla famiglia? Quando dirlo agli amici? Vorresti urlarlo ai quattro venti, ma per scaramanzia prima dei tre mesi sarebbe meglio tenere la bocca chiusa. Però alla mamma, alla tua, non puoi tenerlo nascosto.

Sarà che io non sono mai stata capace di creare la situazione giusta per dire le cose importanti, sarà che non avevo grossa esperienza in dichiarazioni del genere, fatto sta che una mattina, mentre andavo dalla ginecologa, le ho telefonato. Dopo aver parlato del più e del meno, e appena prima di chiudere, le ho buttato lì: «Ah mamma, a proposito: sono incinta».

Dall'altro capo del telefono, prima qualche secondo di silenzio, poi un urlo lancinante, e infine un pianto dirotto. Roba che il vicino di casa come minimo avrà chiamato la polizia per sporgere una denuncia per violenze domestiche. In ogni caso, dopo quel piccolo momento di défaillance, è stata lei, più di qualsiasi dottore o ginecologo, la sola e unica ancora di salvezza. Una specie di baby sitter tutta per me, senza la quale sarei stata capace di annegare in un bicchiere d'acqua.

Come la prima volta che ho avuto le nausee. Ero più o meno alla quinta settimana, era mattina presto e stavo uscendo per andare al lavoro, in ritardo e di corsa come al solito, quando all'improvviso mi sono ritrovata abbracciata al water di casa. Ho subito chiamato mia madre per dirle che non stavo bene e che non sapevo cosa fosse. Ovviamente ero convinta di avere una di quelle malattie dal nome impronunciabile, di quelle che non sai ancora cos'hai ma già pensi «Perché proprio a me?». Lei con tutta calma mi ha risposto: «Cami, sono le nausee». Ah, ecco. Per un lungo istante mi sono sentita una perfetta idiota: se sei incinta, hai le nausee; come ho fatto a non collegare le due cose? Per fortuna mia madre con quattro parole mi ha riportato coi piedi sulla terra. Sollievo? Solo in parte. Perché poi quello tra me e il cesso è diventato per tutti i primi quattro mesi di gravidanza un appuntamento fisso.

Ma non è solo per le nausee che, secondo me, il periodo iniziale è il più frustrante. Il fatto è che anche se vorresti già passare davanti nelle file al supermercato, non ci sono segni tangibili del segreto che ti stai portando dentro, eppure sai che qualcosa nel tuo corpo ha già iniziato a cambiare, anche se ancora, forse, tu stessa fatichi a rendertene conto. Alla prima ecografia quello che vedi è solo un puntino su uno schermo, troppo poco per convincerti che davvero si tratta del tuo bambino (a dirla tutta, troppo poco anche per pensare che si tratti veramente di un bambino).

Poi, verso il terzo/quarto mese alcune future mamme si sottopongono a un esame che si chiama villocentesi: prelevando del tessuto fetale dalla placenta, si possono individuare eventuali malformazioni e determinare con certezza il sesso del nascituro. Io fino a quel momento ero convinta che fosse maschio. Non che per me facesse differenza, ma per qualche strana ragione ne ero certa, al punto che ne avevamo già deciso il nome: dopo avere giocato per ore con Eugenio a tirare fuori tutte le alternative possibili e immaginabili, avevamo deciso di chiamarlo Nero. Sarebbe stato buffo e spiazzante, abbinato al suo cognome, Campari.

Ma il momento in cui davvero mi sono resa conto che quella specie di fagiolo stava crescendo dentro di me è stato un altro. Quella volta Eugenio non c'era, si trattava solo di una delle tante ecografie di rito. A un certo punto, quasi con noncuranza, la ginecologa mi ha detto: «Ti faccio sentire una cosa». La stanza si è riempita di un velocissimo *tum tum tum tum tum tum*: il battito! Il battito rapidissimo di quel minuscolo cuore. Incredibile il casino che faceva (col tempo ho imparato a riconoscere le sale adibite al monitoraggio del battito fetale, negli ospedali, perché sembrano un concerto di percussioni, una *drum session* furibonda).

E mentre il fagiolo cresce, il tuo corpo cambia e le tue abitudini pure. Tutti ti ripetono che la gravidanza non è una malattia, che devi fare le stesse cose che facevi prima, che poltrire a casa fa male a te e al micronano che ti porti dentro. Verissimo! Però poi: non ti puoi mettere lo smalto, tingere i capelli, usare olii essenziali; basta palestra, proibite le terme e i massaggi, niente bicicletta, moto o lunghi viaggi in aereo (i primi tre mesi perché è meglio essere vicine a casa, poi, quando la pancia inizia a crescere, perché non ci si sta più fisicamente; dopo il settimo mese, infine, perché è caldamente sconsigliato ogni tipo di spostamento). Ad ogni modo, ti risparmi ben volentieri di andare troppo in giro quando ogni angolo del tuo corpo è ingrossato come una zampogna, così come fai il possibile per evitare qualsiasi tipo di superficie che possa riflettere la tua immagine. Perché, diciamolo, nelle ultime settimane sono gli specchi i peggiori nemici di una donna incinta: preferisci non vederti in quegli inguardabili, informi, mostruosi vestiti premaman che hanno sostituito l'abituale guardaroba taglia 40. Preferisci non pensare alla possibilità di esserti fottuta per sempre il fisico ottenuto con tanta fatica a suon di diete e allenamenti massacranti.

Io a dire il vero per i primi sei mesi non avevo pancia. Ma dal sesto mese in poi è stata una specie di esplosione: ti alzi una mattina ed è come se durante la notte ti fosse scoppiato l'airbag. E non ti è cresciuta solo la pancia, il tuo intero corpo è lievitato. Mani enormi, piedi spaventosamente gonfi; a me si è dilatato persino il naso. Spendevo in massaggi drenanti più che Moira Orfei in trucco e parrucco e ciononostante avevo una ritenzione idrica che manco un materasso ad acqua.

Per non parlare degli scompensi ormonali, capaci di trasformarti in un essere che in confronto l'esorcista sembra un'educatrice di *S.O.S. Tata*. Ancora oggi arrossisco a ripensare a due attacchi di «ordinaria follia da gestante» che in un istante mi fecero assomigliare a una belva assetata di sangue. In un caso ero al settimo mese di gravidanza e, con Eugenio, ero andata in giro per negozi a fare gli ultimi acquisti per la cameretta di Viola. Dopo una mattinata di shopping ero affamata (naturalmente per due), ma stavo aspettando, più o meno pazientemente, che ci facessero la fattura. Eravamo in molti, tutti in fila con il nostro numerino. Quando finalmente è arrivato il nostro turno, una signora ci è passata davanti dicendo candidamente: «E vabbè, tanto prima o poi ci serviranno tutti». È stato un attimo: con gli occhi fuori dalle orbite mi sono girata verso di lei e da quanto ero arrabbiata non so più se l'ho detto o l'ho solo pensato: «Signora, lei per caso porta a spasso da ore una pancia di oltre dieci chili per la quale ogni sera la sua schiena chiede pietà? No? Lo sa che rubare il posto a una donna nelle mie condizioni è un crimine contro l'umanità? Quelli come lei dovrebbero finire in carcere per il resto dei loro giorni!». Cose così. O anche meno eleganti di così.

Di solito conto fino a dieci e per evitare discussioni mi morsico la lingua. Ma con l'ormone impazzito ho improvvisamente avuto in dono il superpotere della scenata: ero talmente agitata e rossa in volto che, per paura che mi venisse un coccolone, tutti mi hanno subito fatta passare avanti (forse erano terrorizzati perché gli puntavo contro il pancione come se fosse un'arma). Ecco uno dei «vantaggi» dell'essere incinta: alla fine ti cedono sempre il posto e se all'improvviso diventi isterica, nessuno chiama la sicurezza per farti portare via. Certo, due secondi dopo, quanto torni in te, ti vergogni moltissimo della figura che hai fatto. Eppure la volta seguente sei pronta a ripeterti.

Come quando, sempre con Eugenio, stavamo tornando in macchina verso casa dopo una delle ultime visite dalla ginecologa. Eravamo in via della Maddalena a Milano e, come sempre accade in questa città in cui nessuno mai si rilassa, un millesimo di secondo prima che scattasse il verde del semaforo, il tizio seduto nella macchina dietro la nostra aveva già iniziato a suonare il clacson, nevrotico. Qualcosa, nel mio cervello, ha fatto click: con le vene del collo gonfie e i capelli dritti ho aperto la portiera e sono saltata giù dalla macchina. Ho incominciato a insultarlo, sbraitando come un hooligan. Eugenio è rimasto in macchina, non poteva credere ai suoi occhi, dire che era imbarazzato è poco. Quando sono rientrata nell'abitacolo siamo scoppiati a ridere. «Per fortuna manca poco» dobbiamo aver pensato entrambi.

Ma gli ormoni impazziti avevano anche un risvolto positivo: avrei fatto l'amore dalla mattina alla sera. Per quella che è stata la mia esperienza, la vita sessuale era un altro aspetto meraviglioso della gestazione, oltre a capelli lucidi, pelle splendida, unghie fortissime e zero peli. La cosa, però, a un certo punto mi è sembrata esagerata, così ho anche chiamato la mia ginecologa dicendole: «Scusi, ma è normale che io abbia questa voglia insaziabile? Le dico solo che sono le dieci del mattino e sto guardando un film porno!». Non che io e il mio fidanzato ci mettessimo a fare mille acrobazie, però tutte le sere dovevo fare sesso e avere un orgasmo.

Il problema si è presentato quando la pancia ha iniziato a essere evidente ed Eugenio ha cominciato a storcere il naso: «Mi spiace, è più forte di me» diceva. Mi vedeva come una creatura (anzi due) delicata, da proteggere, che rischiava di spezzarsi. Per carità, nessun problema per quelle donne a cui la gravidanza fa svanire la libido; ma per un'arrapata com'ero io in quel periodo era un disastro. Abbiamo ricominciato ad avere un'attività sessuale degna di questo nome solo verso la fine del nono mese e praticamente su prescrizione medica: lo sperma, infatti, induce le contrazioni e visto che io ero in ritardo, la ginecologa ce l'aveva consigliato. A quel punto, il povero Eugenio non poteva più tirarsi indietro: fare l'amore più che un piacere era diventata una vera e propria missione. Ne andava della salute dell'intera famiglia.

Per fortuna al corso preparto mi avevano avvisata del fatto che alcuni uomini potessero avere delle perplessità sul sesso in gravidanza: hanno paura di non essere abbastanza delicati. Ma basta spiegarglielo: anche se c'è un micronano che sta crescendo dentro di noi, non siamo fatte di porcellana; le donne hanno un corpo elastico e un po' di sano sesso male non fa. Per alcuni uomini è addirittura una questione di «rispetto» per la donna o per il bambino. E allora diciamolo una volta per tutte: se volete rispettare una donna incinta che vi chiede di fare l'amore, accontentatela (vedrete che, una volta soddisfatta la mamma, sarà felice anche il bambino).

A proposito di corso preparto: non è obbligatorio, ma io l'ho fatto e lo consiglio. Ti insegnano, o perlomeno ti raccontano, una serie di cose che nel panico del momento del parto – e dopo – ti permettono di non essere completamente travolta dalla paura. Almeno sai già da prima cosa ti succederà, e io che sono una persona super razionale avevo assolutamente bisogno di conoscere tutto nei minimi dettagli (nella vita, si sa, non si è mai abbastanza preparati). Esci dal corso preparto che sei pronta per lavorare in una nursery: ti hanno istruito su come fargli il bagnetto, come prenderlo in braccio, come allattarlo, come disinfettarlo, come pulirgli il cordone ombelicale. Insomma, ti hanno fornito il famoso «manuale di installazione del bambino», quello che contiene tutte le risposte alle questioni pratiche dei primi tre mesi di vita del pupo (meglio noti come «l'Inferno»).

Vivendoli, scoprirete che nessun corso preparto avrebbe mai potuto dirvi tutta la verità, ma datemi retta: è meglio farlo, anche se oggi alcune persone di una certa età si mettono a ridere quando ne sentono parlare. «Ai miei tempi non c'era nessun corso eppure tutte le donne sono state in grado di affrontare gravidanza, parto e post-parto senza troppe manfrine» senti dire. Certo. È un po' come: «Sai, la mia cagnetta ha partorito da sola, in casa, dentro a una cesta; era la prima volta, ma sapeva benissimo cosa fare. Ah, le meraviglie della natura!». La natura sarà anche prodigiosa, ma io preferisco le meraviglie dell'arrivare all'evento il più preparata possibile.

Anche perché, fino a qualche tempo fa, i figli venivano fatti in contesti differenti: le famiglie erano allargate e le neomamme più protette. C'erano dieci o venti persone che vivevano assieme, si aiutavano e l'esperienza della nonna era di grandissimo aiuto. Oggi invece una donna, se le va bene, al proprio fianco ha solo il suo compagno che, dopo una giornata di lavoro, l'aiuta al massimo un paio d'ore la sera. Le nonne (che ormai da due generazioni non hanno più i capelli bianchi, indossano i jeans e hanno scarpe con tacchi più alti dei tuoi) vengono una volta alla settimana a trovare la nipotina e a farla giocare, ma poi hanno le loro mille cose da fare: uscire con le amiche, andare al cinema, fare shopping (tutto quello che per te ormai è solo un lontano ricordo). Insomma, non rivestono più il ruolo di sagge come accadeva un tempo; oppure lo rivestono, ma solo part-time, perché sono nonne moderne. E allora ben venga qualunque cosa possa farci sentire più serene, corso preparto compreso; la nostra è una generazione di mamme molto più sole rispetto anche solo a cinquant'anni fa, perciò basta col metterci in croce perché cerchiamo rassicurazioni: ne abbiamo diritto!

Non mi sembra giusto colpevolizzarci per questo, e non mi sembra giusto che venga emesso un giudizio sul fatto che oggi la maggior parte delle donne partorisca in ospedale e non in casa come accadeva in passato. Rispetto molto le mamme che decidono di affrontare un momento così delicato nell'intimità della propria famiglia: di certo sono persone estremamente sicure, che hanno parecchia fiducia in loro stesse. Io, però, non sono così. Per fare al giorno d'oggi una scelta così coraggiosa devi essere convinta che ce la farai. Io, invece, speravo ancora che qualcun altro lo facesse al mio posto. Per questo, e per la tranquillità di sapere che in ogni evenienza ci sarebbe stato qualcuno a prendersi cura di noi, ho scelto di partorire al Niguarda, un ospedale di quelli grandi, pieno di dottori e con tutti i reparti attivi e ben funzionanti.

Sì, avete letto bene, «noi». Verso la fine della gravidanza, direi intorno al settimo mese, mi sono finalmente resa conto anch'io che quell'essere che stava crescendo dentro di me lo dovevo proteggere. In particolare, l'ho realizzato un pomeriggio al mare in Liguria, vicino a Genova.

Io ed Eugenio dovevamo raggiungere degli amici a Bogliasco, e invece di prendere la macchina mi sono impuntata nel voler fare a piedi la lunga passeggiata che collega Nervi alla spiaggia dove eravamo diretti. Non volevo comportarmi come la tipica donna incinta che vive la gravidanza come un limite, né deludere gli amici che da sempre mi chiamano Duracell. Perciò, alle due del pomeriggio, sotto un sole a picco e con una temperatura da collasso, mi sono messa impavidamente in marcia.

«Forse non è il caso, Cami. Fa troppo caldo» ha provato a suggerire timidamente Eugenio. Ma io ero già partita col passo del bersagliere. Ce la faccio, pensavo. Non sono una donna incinta di quelle antiche. Sono una gestante moderna: atletica, allenata, sportiva (ai bei tempi, ero una che non aveva il fiatone neanche dopo mezz'ora di spinning). Cosa vuoi che sia una bella passeggiata sulla spiaggia.

Risultato? Il percorso l'ho fatto tutto, ma appena arrivata a destinazione sono svenuta. Quando ho riaperto gli occhi mi sono trovata davanti le facce preoccupate dei miei amici, e quella davvero spaventata di Eugenio. In quel momento, come se lui e sua figlia si fossero messi d'accordo per sgridarmi, la piccola ha tirato un calcetto. Ecco, è stato lì che per la prima volta ho realizzato che lei, Viola, c'era e si stava facendo sentire. Nella sua lingua mi stava dicendo che era ora di finirla con questa storia di voler sembrare Wonder Woman a tutti i costi. Va bene che essere incinta è un evento lieto e non una malattia invalidante, ma non lasciamoci più travolgere da improvvisate maratone nell'azzurro mare d'estate.

Il parto

Crederai di morire (ma sarà solo l'inizio)

«Doloroso? Guarda, quando ti mettono in braccio tuo figlio per la prima volta, ti dimentichi immediatamente di tutto.»

C'è sempre un'amica che ha già partorito e che sostiene di aver completamente rimosso lo strazio delle doglie, del travaglio e del parto. Se guardate bene in fondo ai suoi occhi, però, vedrete una specie di piccolo, sinistro bagliore. Non è che stia mentendo. Solo che non ve la racconta tutta. E questo grazie a una sostanza meravigliosa che si chiama ossitocina.

L'ossitocina è l'ormone che stimola le contrazioni, dopo la nascita favorisce l'allattamento, ma soprattutto fa «dimenticare» il dolore che si prova nel mettere al mondo un figlio. Anche nel vostro caso, l'ossitocina farà il suo dovere, ma una cosa è certa: non vi procurerà mai un'amnesia totale su quello che avete passato. Vi ricorderete per sempre di aver sofferto come se vi foste trovate in mezzo alla scena madre di *Salvate il soldato Ryan*, però grazie alla magia della chimica, quel dolore non vi sembrerà più così disumano e insopportabile come vi appariva mentre lo provavate. Dopo, penserete semplicemente che partorire è una cosa a cui si sopravvive tranquillamente e che si può addirittura riprovare (se così non fosse, dopo il primo figlio nessuna donna ne farebbe un altro).

Quando arriverà il momento, tuttavia, capirete subito che il parto non è affatto una cosa per femminucce: se c'è una circostanza nella vita in cui una donna è costretta a tirare fuori tutte le palle che ha, è proprio quella. Dunque, se siete alla fine del nono mese, per voi c'è un solo consiglio sensato: come dicono gli inglesi, *hope for the best, plan for the worst*, sperate nel meglio e preparatevi al peggio.

Cesareo o naturale? È questa la prima domanda che ti fanno. Negli ultimi anni, in Italia e nel resto del mondo occidentale è andata affermandosi la propensione per il primo, ma io ho scelto comunque il parto vaginale. Non perché pensi che le donne che fanno una scelta diversa dalla mia siano madri di serie B; niente affatto. Diciamo che avevo una visione un po' romantica della questione e mi ero sempre ripetuta che partorire in fondo è la cosa più «naturale» del mondo; così mi ero immaginata quel momento come la possibilità di rientrare in contatto con la parte più animale dell'essere femmina. Volevo vivere quell'emozione al cento per cento.

Primo errore. Quando pensi al parto durante la gravidanza, idealizzi anche quello e credi di poterlo gestire; pensi di poter decidere in anticipo come sarà: «Vorrei una musica piacevole, il mio compagno accanto che mi stringe la mano e magari anche due candele alla vaniglia che diffondono il loro profumo nella stanza». Peccato che sin dai primissimi istanti capisci che non c'è nessun piano che tenga. E che niente di quello che ti hanno detto o che hai letto può veramente prepararti a ciò che ti aspetta.

Le prime fitte le ho avute la sera del 9 luglio 2009, mentre ero a casa sul divano, in ritardo di una settimana rispetto alla scadenza prevista. Al corso preparto mi avevano detto di non andare subito in ospedale perché potevano essere finte doglie che avrebbero potuto interrompersi così come erano iniziate, ma appena ho sentito la prima pseudo-contrazione ho smesso di pensare razionalmente. Eugenio ha cercato di farmi ragionare: «Cami, è inutile andare, dobbiamo aspettare che si stabilizzino. Ricordi? Devi avere una contrazione ogni tre minuti». Sapevo che aveva ragione lui, ma dopo nove mesi di lunga attesa (che vuol dire un anno scolastico, due stagioni di sfilate di moda, un intero campionato di calcio, ben 234 puntate di *Law & Order*) col cavolo che riesci a stare calma sdraiata sul divano ad aspettare che le fitte diventino più frequenti e più dolorose. Quindi, ostinata come sempre, mi sono fatta portare in ospedale. Praticamente non mi hanno nemmeno fatta sedere: «Torni a casa, è ancora troppo presto!». E uno.

Non contenta, il pomeriggio del giorno dopo, nonostante non fossi ancora per nulla regolare, ci siamo ripresentati. Stessa scena: contrazioni *una tantum*, dilatazione pari a zero. L'ostetrica, dopo avermi visitato, ha alzato un sopracciglio e mi ha detto, tassativa: «Torni a casa e rimetta piede qui solo quando starà, letteralmente, a quattro zampe». E due.

Così ho fatto, e sono tornata la sera dopo, quella dell'11 luglio. Per la verità, camminavo ancora sulle mie gambe, ma mi hanno ricoverata lo stesso: erano tre giorni che facevo avanti e indietro e avevo davvero rotto le palle. Quella notte, comunque, proprio come mi avevano preannunciato, non c'è stato nessuno sviluppo. Dunque, lezione numero uno: l'ostetrica ha sempre ragione. E siccome è lei, assieme alle infermiere, la persona che in questo delicato momento maggiormente si occuperà di te, farai bene a obbedire ciecamente a tutto quello che ti dirà.

Il vero travaglio è cominciato il mattino seguente. E lì ho capito cosa vuol dire davvero soffrire. Non credo esista dolore più acuto: è terribile, pensi di morire. Peggio: quando le fitte si fanno più intense *desideri* morire; chiedi che ti diano il cianuro, invochi l'eutanasia, vorresti farla finita in fretta e con qualsiasi sistema. In quegli istanti, senti uscire dalla tua bocca frasi assolutamente insensate, cose che ovviamente non pensi e che il giorno dopo (grazie all'ossitocina) inquadrerai esattamente per quello che sono, ossia un delirio. Perciò, lezione numero due: se mentre partorisci ti viene da pensare che non sopravviverai, sappi che è regolare e sta andando tutto come previsto. Mica si chiama travaglio per niente.

A questo punto puoi essere più o meno fortunata. Io, nello specifico, non lo sono stata particolarmente: primo, non mi si sono rotte le acque (e vedersi infilare una sorta di ago gigante nella vagina non è proprio esaltante; nemmeno sentire qualcuno che picchietta vicino all'utero); secondo, ho cominciato a dilatarmi solamente dopo quattordici ore dall'inizio del travaglio. Ero io a essere troppo tesa: oltre alla frustrazione psicologica, ero fisicamente stremata, e la cosa che desideravo di più al mondo era un'epidurale. Peccato che non potessero farmela finché non mi fossi dilatata di almeno quattro centimetri. Un circolo vizioso.

Allora, con uno degli ultimi brandelli di lucidità che mi era rimasto, ho chiesto di essere messa in una vasca di acqua calda. Lì, con della musica classica di sottofondo, e grazie anche a una serie di massaggi, sono riuscita a rilassarmi e infine a dilatarmi. A essere sincera, anche la dilatazione non è proprio una passeggiata: certo, non è tremenda come una doglia, ma la fitta che si percepisce è molto intensa, una sorta di crampo mestruale, solo dieci volte più forte (di bello c'è che, da quel momento in poi, qualsiasi futuro mal di pancia da ciclo ti sembrerà, quello sì, una passeggiata).

Finalmente, dunque, potevano drogarmi e devo ammettere che, nonostante la mia iniziale perplessità, dopo quasi quattordici ore di travaglio non vedevo l'ora che mi bucassero! Se fossi stata una di quelle donne (perché ce ne sono) che partoriscono in sei ore, magari sarei anche riuscita a resistere; ma passate le otto ore, a meno che tu non sia una masochista convinta, l'anestesia te la faresti anche da sola.

Con l'epidurale in corpo ho avuto un po' di tempo per riposarmi. Non so quanto, perché ero talmente sfinita che ho perso la cognizione del tempo, ma ricordo che guardavo le infermiere e l'ostetrica con gli occhi commossi della gratitudine. Quindi, lezione numero tre: se sei arrivata al parto pensando che rifiuterai qualsiasi antidolorifico perché vuoi sentire tutto e non perderti nulla dell'intensa esperienza del parto naturale, *think again*, cambierai idea. La medicina oggi offre la possibilità di soffrire molto meno che nell'Ottocento e non c'è da sentirsi in colpa. Non è una scorciatoia: è il progresso! Perché patire il doppio quando se ne può fare a meno?

L'anestesia è stata di grande aiuto anche perché, sotto il suo effetto, il mio lato razionale ha finalmente iniziato a farsi da parte e così ho cominciato davvero a lasciarmi andare e ad allentare la tensione muscolare. Per dilatarmi completamente mi ci sono comunque volute più di quattro ore, ma quando a un certo punto ho sentito le ostetriche dire «Forse adesso riusciamo a farti partorire» non mi è sembrato vero.

Purtroppo, però, quando sono iniziate le spinte, ero ancora troppo stanca. I medici hanno cominciato a dirmi che sarebbe stato meglio iniziare a considerare la possibilità di effettuare un cesareo (per non avere complicazioni e problemi, credo), ma io mi sono opposta: mi avevano garantito che la bambina non era a rischio e che non c'era sofferenza fetale, perciò ho voluto proseguire. E poi le ostetriche facevano tutte il tifo per me.

E così, eccoci arrivate alla fase in cui intravedi la luce in fondo al tunnel e ti dici: ormai è fatta. Maddeché?! La fase di espulsione è di certo la più critica, o almeno così è stato per me. Viola era molto grossa, aveva le spalle larghe e, non essendo io esattamente una valchiria, si era incastrata. Non riuscivo a farla uscire. Allora, per facilitarmi, una delle ostetriche ha effettuato la manovra di Kristeller, una tecnica che serve ad accelerare l'espulsione del feto: chi la esegue appoggia il braccio sulla parte alta della pancia, praticamente all'altezza del tuo stomaco, e col gomito spinge verso il basso. In pratica, ti spreme come si fa col tubetto del dentifricio. Ci sono certamente cose molto più piacevoli, ma almeno funziona (e comunque, a questo punto, finiresti di partorire in qualsiasi modo, anche a testa in giù).

Ci siamo. Gli ultimi momenti sono esattamente come si vedono nei film: sei nuda, a gambe aperte, e sudi e gridi e soffi come un mantice; ormai hai perso qualsiasi ritegno e non hai più vergogna di nulla, sebbene attorno a te ci sia una folla di persone in camice che ti tocca, ti ispeziona e ti dice di spingere. Il tuo compagno è ancora lì accanto che ti tiene la mano e ti fa coraggio: è rimasto eroicamente al suo posto anche se mai, nella vita, avrebbe pensato di vederti soffrire a quel modo e per tutte quelle ore. Adesso è stremato quasi quanto te. Ma di come si sente lui, a dire il vero, non te ne può fregare di meno. Hai in mente solo una cosa, ed è una canzone di Mina: l'importante è finire.

Purtroppo, però, durante una delle ultime spinte, ho risucchiato Viola dentro e lei ha deglutito un po' di liquido amniotico. Per questo quand'è nata non respirava. Ma io ero troppo esausta per potermi rendere conto subito che qualcosa non andava.

Appena è uscita e me l'hanno appoggiata addosso, lei in effetti non piangeva.

All'improvviso me l'hanno strappata in malo modo dalle braccia senza dirmi nulla e ho visto Eugenio serio correre dietro ai medici che avevano in braccio nostra figlia: la stavano portando nell'altra stanza e solo in quell'istante ho realizzato che stava succedendo qualcosa di brutto. Per un lungo momento mi è sembrato che il tempo si fosse fermato: tutti erano concentrati sulla piccola, nessuno mi diceva niente. Stavo lì, immobilizzata sul lettino, e non riuscivo a vedere cosa le stessero facendo.

Poi, per fortuna, ecco il suono che tutti stavamo aspettando: Viola ha lanciato nell'aria il suo primo vagito e l'intera sala parto ha tirato all'unanimità un profondo sospiro di sollievo! Io ho pianto di gioia: ce l'avevamo fatta! Ed eravamo state bravissime. Io avrei promosso entrambe a pieni voti e invece a Viola hanno dato solo uno scarsissimo sei. Ebbene sì: esistono le votazioni anche per i bambini appena nati e servono per misurare il grado di sofferenza a cui il neonato è stato esposto durante il parto. La mia cucciola era arrivata appena alla sufficienza; un punto in meno, e sarebbe stata ricoverata in terapia intensiva.

Insomma, il mio non è stato un parto semplice, ma diciamo che anch'io ho contribuito. Col senno di poi, dopo diciotto ore di travaglio, forse avrei fatto meglio a decidere per il cesareo; non tanto per il dolore che sentivo, ma perché potevo mettere a rischio la mia vita e soprattutto quella di mia figlia. Oltre al momento del parto, infatti, credo che Viola abbia accusato anche nelle settimane seguenti: ha pianto per i primi otto mesi della sua vita e ancora oggi le ossa del suo cranio sono eccessivamente contratte e tese. Trauma da parto? Chi lo sa. In ogni caso lo stress fisico ed emotivo è stato davvero considerevole per entrambe. Per cui, lezione numero quattro: ben venga qualsiasi soluzione ti permetta di ridurre al minimo lo sforzo psicofisico tuo e della tua creatura. Per fare le eroine, sia tu che lei, avrete tempo tutta una vita. La sua.

Comunque, dopo che Viola ha fatto sentire la sua vocina, l'hanno lavata, fasciata e me l'hanno riportata in braccio: ci siamo finalmente guardate a lungo, parlate, coccolate. È stato un momento meraviglioso: vedere finalmente il prodotto della tua attesa, avercelo lì fra le mani, poterlo toccare e sapere che sei stata tu a farlo è un'emozione incredibile, che fa sentire ogni donna in quell'istante come l'essere più potente dell'universo.

Ovviamente ti aspetti che tua figlia sia la creatura

più splendida e perfetta che sia mai esistita. Hai atteso nove mesi per guardarla in faccia, nove mesi in cui te la sei immaginata bellissima, un paffuto miracolo di morbida ciccetta rosa, eppure quando te la portano, anche se sei travolta da un improvviso e assoluto innamoramento, ti accorgi subito che non è proprio così. È comunque splendida, ma a voler essere obiettivi, somiglia di più a un micro Alien: la pelle grigiastra, super rugosa e disidratata che fa un certo effetto «sottovuoto», pochi peli in testa, molte macchie rosse sparse su viso e corpo, tutta squamata a causa della sovraesposizione al liquido amniotico. Tranquilla: nel giro di qualche ora assumerà un aspetto umano.

Anche tu, del resto, non sei proprio un fiore, ma presto recupererai. Nell'attimo in cui ti hanno messo in braccio il frutto delle tue fatiche, hai già perso istantaneamente tutti i connotati animaleschi che avevi assunto durante il parto, e adesso finalmente senti di poterti veramente rilassare. Nel frattempo, il dolore è cessato, ti hanno cucita (e sfatiamo anche questo falso mito: no, non fa male! Essendo la vagina praticamente priva di terminazioni nervose si prova solo un po' di fastidio, ma niente di più), sedata e lavata. È vero: ti senti un reduce di guerra, e hai senza dubbio appena compiuto una delle imprese più faticose che ti siano mai capitate; se ti avessero messo in una centrifuga, avresti le ossa meno doloranti; ma sei tremendamente orgogliosa di te stessa e della tua piccola: avete spinto e vinto insieme.

Ora vuoi solo dormire.

Attenzione, allora. Se hai pensato che il parto fosse la tortura, c'è solo un'altra cosa che può essere peggio: la privazione del sonno. Dopo tre giorni di tensione e quasi uno intero di travaglio, quando a mezzanotte sei finalmente sdraiata a letto, hai un solo desiderio: abbandonarti completamente al favoloso mondo del Bianconiglio. Ed è esattamente in quel momento che senti una vocina lontana che ti dice: «Signora, si riposi, tra quattro ore gliela portiamo per allattare».

... Quattro ore?

Mentre le palpebre calano come due saracinesche in picchiata, sei già sprofondata nel sonno dei giusti, risucchiata in una fase rem in cui ovviamente sogni tua figlia. Ma di quel sogno non ricorderai nulla, perché verrai svegliata a tradimento poco dopo, nel cuore della notte, dalle infermiere che arrivano in carovana con tutte le culle al seguito.

Nonostante la scarsa lucidità (lì per lì, quando riapri gli occhi, non sai esattamente dove ti trovi; poi, da quanto hai tutte le ossa rotte, ti ricordi che hai appena partorito), se ti guardi attorno ti viene quasi da sorridere: tutte in fila come in batteria, ognuna nel suo letto e col suo fantolino in braccio, tu e le altre mamme siete pronte a rifocillare i vostri cuccioli affamati. Un po' come alla partenza dei cento metri piani, ti aspetti che qualcuno dal fondo della stanza tiri fuori un fischietto e urli: «Fuori le tette! Pronte, partenza e via!».

Sarà che per me la situazione era completamente nuova, ma sulle prime mi sembrava tutto un po' surreale. Mia figlia, invece, nonostante il suo burrascoso ingresso nel mondo solo qualche ora prima, era disinvolta come un'*habituée* e ha subito dimostrato di avere le idee chiare sulle sue priorità: C-I-B-O! Da quando era nata non aveva ancora smesso di piangere proprio perché era affamata. E infatti, appena ha adocchiato un seno libero, ci si è avventata sopra con una voracità mai vista. E subito il suo spirito si è placato.

Io, ancora inesperta, la muovevo scattosa e con un po' di apprensione: la studiavo cercando di capire se si era attaccata bene, se stava mangiando, se mi stava uscendo latte. Hanno voglia a dirti che allattare è un'altra di quelle cose-naturali-che-basta-seguire-l'istinto: è pur sempre la prima volta che lo fai. Perciò ti vengono mille dubbi. Ti guardi attorno e le altre, che magari sono più scafate di te solo perché hanno partorito il giorno prima, ti sembrano tutte delle professioniste. Perciò mentre scruti con apprensione ogni piccola smorfia di tua figlia, con la coda dell'occhio tieni sotto controllo gli spostamenti dell'infermiera che fa la ronda tra i letti: sei certa che quando arriverà davanti a te ti dirà che stai sbagliando qualcosa, anche se ti sembra che tua figlia stia ciucciando a tutto spiano e con evidente soddisfazione.

Quando la divisa bianca si è fermata ai piedi del mio letto, per un nanosecondo ho in effetti sudato freddo: l'infermiera ha osservato rapidamente me e Viola alle prese con la prima «missione poppata» e ha fatto una specie di sorriso. Ho pensato: fa la faccia buona, ma adesso mi frega; mi dirà che non la tengo abbastanza sollevata, che dovevo cominciare dall'altra tetta, e che siccome non ho cronometrato da quanto è che succhia, mi daranno due punti di penalità. Invece si è voltata appena verso la sua collega e ha detto: «La 02 non ha problemi!». Il tono era esattamente quello del salumiere che chiama i numeretti del turnomatic, ma non ci ho nemmeno badato, perché, tranquillizzata dal responso, ero già tutta presa da un'altra attività: accarezzavo quella piccola, meravigliosa testolina e pensavo «Questa sì che è la Felicità».

In quel momento, ho sentito che io e mia figlia eravamo già una grande squadra.

Non ci rimaneva che passare al livello di gioco successivo: quello in cui l'avrei portata a casa e saremmo finalmente rimaste sole. Pronte ad affrontare il lungo e avventuroso viaggio che ci avrebbe portato attraverso l'oscura selva dei pannolini e delle notti in bianco.

I primi tre mesi

Notti in bianco e baby blues

«Non avrai altra vita all'infuori di me.»

Questo è il primo comandamento del neonato e dal momento in cui ti dimettono dal reparto maternità la tua esistenza si organizzerà solo in base a questa legge. Passate le prime settantadue ore, avrai la prima crisi di nostalgia per quel bell'ospedale dove una signorina gentile ti portava tua figlia per la poppata, ma poi la riportava via, in modo che piangesse altrove. Al quarto giorno, non ci penserai più, perché non ne avrai il tempo; la tua giornata-tipo si sarà definitivamente organizzata secondo una sequenza precisa. Questa: grida fameliche dalla culla, poppata, ruttino, sonnellino (suo), tentativo di pennichella (tuo), pianto da colichetta (suo), risveglio e conseguente imprecazione (tuoi), passeggiata di un'ora su e giù per il corridoio nel tentativo di placarla, cambio di pannolino contaminato, altra poppata e altro ruttino, riposino (suo), tentativo di pausa pranzo (tuo), vagiti dalla stanza accanto, carillon, nuovo pit stop pannolino, nuovo tentativo di pennichella (tuo), pianto da calo di zuccheri (suo), poppata, ancora pannolino, tentativo di lavatrice (tuo) su sonnellino lungo (suo). E così via.

Può capitare che la sequenza venga interrotta dal suono del citofono: è una tua amica che passa a trovarti. L'ultima volta che vi siete viste tu avevi ancora il pancione e una vita. Appena le apri, vede benissimo la tua faccia stravolta, ma siccome ti vuole bene non dice nulla; raggiunge velocemente il lettino, si affaccia sulla novità che ora dorme beatamente ed esclama: «È proprio un angelo».

«Infatti: l'angelo sterminatore» rispondi puntellandoti le occhiaie con le mani, prima che franino a terra.

Niente di tutto quello che accade durante lo *start-up* del pupo è di per sé impossibile da affrontare o da superare (se preso singolarmente). Consideriamo, per esempio, l'allattamento; sulla carta è una questione semplicissima, soprattutto se hai la fortuna di allattare al seno: tuo figlio ha fame, tu tiri fuori la tetta, ce lo attacchi ed è fatta. Vogliamo parlare della comodità di avere una riserva di latte sempre pronta in ogni momento? È un lusso impagabile, più o meno come avere l'autista per andare a fare shopping in centro. È vero che certi lussi bisogna saperseli godere e per molte neomamme, soprattutto all'inizio, sembra esserci quasi una sorta di tabù sulla *location*. Mi spiego meglio. Mi capita spesso di sentire amiche dire: «Perché non ci vediamo alle sei così riusciamo a parlare con calma che poi devo tornare a casa ad allattare?». O ancora: «No, al parchetto preferirei di no, che se poi piange che ha fame mi scoccia allattarlo davanti a tutti». Ecco, io credo che, passate ovviamente le prime settimane di puro delirio in cui è doveroso cercare un posto appartato anche solo per la tranquillità del bambino, una donna debba approfittare della grande comodità di avere nel reggiseno due biberon pronti all'uso e convincersi che allattare in pubblico non è reato. Perché vergognarsi di una cosa tanto naturale? Ogni tanto mi sembra che siamo tutti un po' vittime di quel serpeggiante moralismo bigotto all'italiana che associa la tetta esclusivamente alla sfera erotica. Ho visto uomini passare davanti a una mamma che allatta e girarsi dall'altra parte: forse loro ve la spacceranno come una questione di discrezione, ma ho come il sospetto che indagando si scoprirebbe che è un comportamento legato al non sapere come gestire l'imbarazzo. Coraggio, maschietti: in fondo un seno pieno di latte offerto a un bambino, dopo il sesso, è il gesto più antico del mondo! E noi mamme: basta con questi pudori da casalinghe anni Cinquanta; usciamo allo scoperto!

Ho avuto mille problemi nel rodaggio della maternità. Per fortuna l'allattamento non è stato uno di questi. Come per la prima poppata, anche nei mesi successivi è andato tutto a meraviglia: ho sempre avuto moltissimo latte e doveva essere anche parecchio nutriente, vista la velocità con cui cresceva Viola. Il pediatra era sconvolto; una volta, dopo averla messa sulla bilancia e aver registrato l'aumento di peso, ha sgranato gli occhi e ha detto che forse era il caso di farmi l'antidoping. Con questi presupposti, avrei dovuto essere la mamma più felice dell'universo: si sa che tragedia è quando il neonato non mangia, ma mia figlia poppava senza problemi e io producevo più latte di una frisona olandese.

E allora, di cosa potevo lamentarmi? Esattamente di ciò di cui ogni neomamma si lamenta: del totale annullamento della «donna» che si trova a dover lasciare il posto alla «mamma», un vero e proprio *switch*. Sì, perché durante le prime quattro settimane la poppata è a richiesta e non esistono orari. Quando loro hanno fame, suonano la sirena e tu devi correre a qualsiasi ora del giorno e della notte, sei a completa disposizione del famelico cucciolo. È un vero e proprio lavoro, con turni che superano le otto ore al giorno e senza pausa pranzo. Perché sei *tu* la pausa pranzo, e *on demand*.

Chiaramente dopo che li hai nutriti, devi fargli fare il ruttino e, sfruttando il loro abbiocco post-abbuffata, provare a riaddormentarli. A Viola il mio latte faceva un effetto eccitante, quindi dopo aver mangiato sembrava pronta per andare a un *rave*. Visto che non le veniva sonno, tanti saluti al riposino e alle due ore di calma, il che significava dire addio alla possibilità di dormire, lavarsi, preparare da mangiare, fare il bucato, la spesa, le pulizie di casa. Sembra esagerato? Allora facciamo un esperimento. Prendi un timer e puntalo a 90 minuti. Prova a fare tutto ciò che fai di solito in un giorno per te e per la tua casa; quando suonerà, dovrai mollare tutto esattamente al punto in cui sei arrivata. Il risultato sarà: una lavatrice piena di panni lavati che non avrai mai più il tempo di stendere, un sugo abbandonato più o meno al livello del soffritto, secchio e spazzolone in giro per il soggiorno con metà pavimento bagnato e metà sporco, un'ascella depilata e l'altra no. Anche le campionesse di efficienza domestica si arrendono di fronte all'evidenza: puoi mettere in cantiere qualsiasi operazione, ma il risultato è che entro quell'ora e mezzo non riuscirai a portare a termine nulla. Per i primi tre mesi la sequenza pannolino-poppata-pennichella è a ciclo continuo, ventiquattro sette, e non perdona: non avrai più tempo di fare altro.

Forse per le donne che non allattano al seno è leggermente più facile: hai la possibilità di fargli dare la pappa da qualcun altro e nel frattempo puoi concludere almeno una delle mille faccende in arretrato. Io però non me la sarei sentita di privare Viola del latte materno: mi sarebbe sembrato di negarle uno di quei regali che poi ci si porta dietro per tutta la vita. È ormai provato, infatti, che l'allattamento naturale, oltre a facilitare una relazione emotiva tra il neonato e la mamma, protegge il bambino da moltissime malattie, sia nell'immediato sia nelle età successive, e lo aiuta a sviluppare un sistema immunitario pazzesco: riduce il rischio di disturbi allo stomaco, tosse e raffreddore, infezioni all'orecchio, obesità, diabete, esercita un effetto protettivo persino nei confronti dell'arteriosclerosi. Sarò un po' integralista, ma avendone la possibilità lo rifarei, anche dopo aver provato i dolori di una mastite. E con questo, ho detto tutto.

Dicesi «mastite» quella terribile rogna che consiste in un'infezione a causa della quale il tuo seno si gonfia, si arrossa e fa malissimo al minimo contatto; può darsi che il tutto sia anche accompagnato da qualche linea costante di febbre, il che regala alla neomamma quel tocco di spossatezza in più di cui aveva proprio bisogno. Io ho avuto la fortuna di provarla durante un «tranquillo» fine settimana in montagna. Eravamo io, Viola e mia madre. Il sabato mattina mi sono svegliata con 41 di febbre, il seno, l'ascella e il braccio destri completamente fuori uso. Sono stata costretta a prendere gli antibiotici, ma nonostante questo non ho smesso di allattare. O meglio: per una settimana Viola ha preso il latte solamente dalla tetta sinistra (se alla fine aveva fame le facevo l'aggiunta di latte artificiale) mentre la destra la svuotavo diligentemente da sola ogni quattro ore dopo essermi fatta degli impacchi d'acqua bollente. Un dolore pazzesco che non auguro nemmeno al mio peggior nemico!

Comunque, che l'allattamento vada bene o no, i primi mesi di vita del bambino rimangono una vera e propria guerra. Ogni parte del tuo corpo di mamma, ogni atomo, è impegnato a impedire un irreparabile tracollo. È una lotta continua per la sopravvivenza, un po' come sull'*Isola dei famosi*. No: in realtà è cento volte peggio. Spesso mi sono chiesta come mai, quel giorno in cui ho deciso di avere un figlio, non mi sia invece venuto in mente di scrivere a Simona Ventura candidandomi come naufraga: almeno, sulla spiaggia tropicale, quando sei allo stremo delle forze e hai finito di mangiare il tuo cocco, puoi spaparanzarti a prendere il sole; male che vada, puoi sempre chiamare qualcuno della produzione e farti rimpatriare. Da casa tua, dove sei naufragata col tuo bambino in fasce, nessun elicottero viene a salvarti, e in certi giorni, quando ti ritrovi ad addormentare tua figlia cantandole «per un'ora di sonno non so cosa darei», capisci che ti si è accesa la spia della riserva.

Io poi, fisicamente parlando, non mi ero ancora ripresa dal parto. Il mio corpo, sottoposto a tutte quelle ore di travaglio e di tensione, ha reagito cedendo, un po' come l'elastico delle mutande quando le lavi a novanta gradi. Quindi, oltre al disfacimento fisico mi è toccata un'altra tremenda calamità: le emorroidi da parto.

Al corso, a me e alle altre future mamme, avevano soltanto detto che sarebbe potuto accadere, ma non mi avevano davvero spiegato cosa comportasse; non se ne parla molto, anche se si tratta di una problematica più diffusa di quanto si pensi. Ho però scoperto in fretta e sulla mia pelle cosa significa: fare fatica a camminare, non riuscire a stare seduta nemmeno su una ciambella gonfiabile e avere bisogno di una medicazione due volte al giorno, medicazione che difficilmente puoi fare da sola perché non riesci ad arrivare là dove non batte il sole. Insomma, oltre al danno anche l'umiliazione. Io, che sono una donna indipendente e iperattiva, una di quelle per cui anche solo tre giorni d'influenza sono un dramma, ho dovuto alzare le mani e calare le braghe (letteralmente), affidandomi alle cure dell'unica persona a cui mi viene da chiedere aiuto in casi così estremi: mia mamma. Per tre settimane, quella donna ha vegliato su di me, medicandomi, preparandomi da mangiare e, quando ero allo stremo delle forze, occupandosi anche di Viola al posto mio. L'unica posizione in cui trovavo pace era quella orizzontale, perciò spiaggiata sul divano o sul letto, la osservavo mentre faceva tutte queste cose: non sembrava mai stanca. Mi sono convinta di una cosa: le mamme sono esseri straordinari, ma le nonne devono avere dei superpoteri raddoppiati; sono campionesse olimpiche di accudimento; il che, nel girone infernale dei primi tre mesi, è esattamente quello che ti serve.

È inutile negarlo: in quel periodo hai un assoluto bisogno che ci sia qualcuno a prendersi cura di te, perché tu sei troppo impegnata a prenderti cura di tuo figlio per pensare anche alla tua salute. Anch'io che sono una *control freak* mi sono dovuta rassegnare e ho dovuto imparare a delegare a qualcun altro. Pare che, in alcuni Paesi, le donne che partoriscono vengano fasciate assieme al neonato per trenta giorni. Se l'avessi sentito prima di portare Viola a casa probabilmente mi sarebbe sembrata una di quelle follie da società tribali, maschiliste e piene di uomini crudeli che castigano le mogli. Invece no.

Col senno di poi non è per niente una cattiva idea. Anzi, mi sembra una soluzione intelligente: in questo modo tu non devi fare niente e sono gli altri a occuparsi completamente di te. Questi della tribù hanno capito tutto: per i primi tempi bisogna fare come se mamma e figlio fossero entrambi due neonati da accudire.

Spesso accarezzavo la fantasia di farmi davvero legare schiena contro schiena a Viola e poi dire a mia madre e a Eugenio: «Adesso pensateci voi». Sarebbe potuta essere un'ottima soluzione per recuperare le forze; peccato che il mio problema non fosse solo una questione di esaurimento fisico. A livello psicologico, infatti, non ero messa molto meglio.

Sapevo che a ogni donna arriva la mazzata del down chimico-fisiologico dopo il parto, e io non ho fatto eccezione. Per non farmi mancare nulla, però, ho anche iniziato a tormentarmi con un pensiero, anzi con una frase detta da un'infermiera del reparto di neonatologia infantile il giorno dopo la nascita di Viola. Quella frase, forse pronunciata con troppa leggerezza, mi raggiungeva ovunque e continuava a risuonarmi in testa: «Caspita signora, abbiamo rischiato grosso ieri!». *Abbiamo rischiato grosso.*

Ora, io non sono una psicologa, ma vi sembra la battuta da fare a una puerpera stremata, super-recettiva, ignorante in materia e ancora sotto shock?

Un genio. Mi auguro solo una cosa: di avere un altro figlio e di incontrare di nuovo quell'infermiera durante la gravidanza, quando, a causa degli ormoni, mi immannarisco per niente. Vorrei incontrarla lì, in coda davanti a una cassa del supermercato, e farle passare i peggiori cinque minuti della sua vita, così che non le venga mai più in mente di fare del terrorismo psicologico come quello che ha fatto con me.

Perché io la sua battuta (che probabilmente voleva essere innocua, non discuto) l'ho pagata cara. Inevitabilmente la mia mente ha iniziato a pensare in maniera ossessiva all'idea di aver messo a repentaglio la vita di mia figlia a causa della mia ostinazione nel voler partorire naturalmente e, sono certa, questo ha scatenato un senso di colpa che poi, con il passare dei giorni e il sommarsi degli eventi, è diventato sempre meno gestibile, fino a sfociare in una vera e propria depressione post partum, o *baby blues* che dir si voglia.

Piangevo moltissimo – il che è regolare: le persone depresse di solito lo fanno. Piangevo perché mi sentivo in colpa per tutto: perché non ero la madre dolce, paziente e comprensiva che avevo sempre immaginato sarei stata; perché non ero nemmeno una di quelle madri perfette che si vedono fotografate nei libri con un'aureola da sante salvatrici e donatrici di vita. Piangevo perché non mi sentivo all'altezza di niente, neanche di accudire un criceto, figuriamoci un bambino; di conseguenza poi piangevo anche perché ero stata un'incosciente a mettere al mondo un figlio, che se non ero all'altezza forse non lo dovevo fare.

Quando avevo finito di piangere per tutti questi motivi, mi mettevo a piangere per gli altri: piangevo perché rivolevo la mia vita, e perché non pensavo davvero che sarebbe successo né così velocemente né così drasticamente. Piangevo per tutti i miei impegni di lavoro, per le mie serate con gli amici, le mie cene, le vacanze romantiche e rilassanti, i viaggi. Piangevo perché avevo paura che avrei dovuto rinunciare per sempre a un sacco di tramonti, albe, stelle cadenti, ma anche piogge e trombe d'aria. Piangevo perché pensavo che non avrei più potuto fare tutte quelle cose un po' folli tipo saltare in macchina alle dieci di sera e fare tre ore di strada per bere un caffè in riva al mare, fare l'esame per il brevetto di volo o prendere un anno sabbatico per andare a fare trekking in Patagonia. Insomma: piangevo perché la mia esistenza, tutto d'un tratto, era solo un lontano e malinconico ricordo. E per colpa di chi? Di certo non di quell'esserino di cinque chili scarsi, capace di strillare per ore come l'antifurto di una macchina; era colpa mia, che non sapevo conciliare la mia nuova condizione di mamma con quella di donna lavoratrice che conoscevo.

A piangere in realtà eravamo quasi sempre in due: Viola da una parte e io dall'altra. E più lei strillava più io pensavo: «Ma che cazzo ho combinato. Chi me l'ha fatto fare. Io non ce la farò mai». Ecco: avevo pensieri di questo tipo e capivo che non erano proprio pensieri lucidi. Ma è normale, se sei depresso.

Non se ne esce. Cioè: non se ne esce *da sole*. È per questo che bisogna parlarne: perché quando rompi il silenzio e inizi a dire in giro come ti senti veramente, senza fingere che la maternità sia la Fiera Campionaria del Sorriso, scopri che altre novanta donne su cento tra quelle che hanno appena avuto un bambino stanno passando esattamente la stessa cosa. Condividere non risolverà la questione, ma aiuta parecchio; almeno smetti di sentirti *tu* quella sbagliata.

Adesso riesco anche a comprendere – cosa che per una vita ho fatto fatica ad accettare – perché mia madre, poco dopo la mia nascita, sia andata per tre mesi in India lasciandomi sola con mio padre. Lei se le prese davvero le ferie da sua figlia, e anche se per anni non sono riuscita a capire i motivi di questa scelta, adesso mi rendo conto che a volte fare una pausa diventa l'unico modo per ritrovare l'equilibrio necessario per potersi prendere cura della propria famiglia.

È chiaro che le responsabili di questo stato confusionale siamo solo noi mamme. In fondo loro, i neonati, sono nella fase più semplice della vita: pianto, pappa, nanna, pianto, cacca, pianto. Il problema è che invece per noi questa è una delle fasi più complesse. Talmente complessa che in certi giorni ti senti tristissima, eppure non puoi esserlo nemmeno per finta perché da che mondo è mondo «figlio = felicità» e se dici il contrario, forse sei una strega.

Nel mondo reale, un figlio oltre a «felicità» significa anche impegno, preoccupazione, ansia, ma sembra che nessuno se lo ricordi mai. Nella nostra cultura associare la tristezza a una nascita è una specie di tabù, ed è per questo che si è fatta tanta fatica ad accettare la depressione post partum come patologia e non come bubbola femminile. Ma chi ha vissuto lo stravolgimento fisico, psicologico ed emotivo a cui va incontro una donna con il parto, può comprendere cosa voglia dire questo periodo.

Mi avevano anche ventilato la possibilità di qualche «leggero» antidepressivo ma ho tenuto duro perché non volevo ricorrere alle medicine, e poi sapevo che si trattava di una questione fisiologica e perciò, come per un lutto, dovevo solo cercare di rielaborarlo e aspettare che la tristezza passasse. Di certo l'affetto delle persone che mi sono state vicine e hanno capito cosa stavo attraversando è stato fondamentale.

In primis, Eugenio. In tutto questo marasma lui è rimasto solido come una roccia. Non capiva come potessi essere triste dopo aver fatto una cosa tanto meravigliosa come dare alla luce nostra figlia; non capiva come fosse possibile che dopo aver allattato Viola spesso mi venissero degli attacchi di pianto isterico e corressi in camera per non farmi vedere; non capiva, ma ha sempre fatto lo sforzo di accettarlo e rispettare il mio malessere. Immagino che anche per lui non sia stato facile, perché anche la sua vita è stata rivoluzionata dall'arrivo di Viola; tuttavia, anche se lo era, non si è mai mostrato confuso. Anzi, ha fatto esattamente quello che un uomo deve fare in queste situazioni: si è armato di pazienza e ha aspettato. Ogni tanto, come nelle scene clou dei film d'azione, mi diceva «Tranquilla, baby, andrà tutto bene», che lì per lì sembra una scemenza, ma sentirselo dire fa sempre un gran bene. Insomma: altro che maschi che scappano davanti alla prima difficoltà.

Eugenio è stato bravissimo, e non dev'essere stato facile starmi accanto in quei tre mesi in cui ero fisicamente a pezzi e psicologicamente fuori uso. Chiaramente non è sempre così e, come in tutto, anche nel meraviglioso mondo delle neomamme si trovano delle eccezioni: alcune di loro, serafiche, ti raccontano di questi mesi come di una luna di miele, di un innamoramento (che invidia). Tuttavia, sono sicura che una grossa percentuale di donne autonome e indipendenti, per nulla abituate a farsi comandare a bacchetta – tantomeno da un neonato! –, sarebbe d'accordo con me; io ho una mia teoria, in proposito. Mi sono fatta l'idea che la felicità di una mamma, nei primi mesi di vita di un bambino, sia inversamente proporzionale al livello della sua carriera: meno una donna è interessata al lavoro e invischiata nella società arrivista nella quale viviamo, maggiori saranno le probabilità che viva una maternità meravigliosa, in contatto con i ritmi della natura. E forse è giusto così: dopotutto nel modello sociale che è ancora predominante, la donna è una madre, non una professionista.

Invece credo sia sacrosanto, a trentaquattro anni, dopo quindici di sacrifici e rinunce, incazzarsi all'idea di dover mollare tutto per avere un figlio. E per una libera professionista come me – precaria privilegiata, per carità! – che guadagna se lavora altrimenti «arrivederci e grazie» è ancora più difficile. Non dico che per le dipendenti sia più facile, perché fare la mamma è un lavoro impegnativo e faticoso a prescindere dal contratto che ti ritrovi; ma almeno loro sanno di avere un posto assicurato al loro rientro. Nella mia professione invece (e in tutte quelle che non prevedono garanzie, che oggi sono la maggioranza) non c'è tredicesima, quattordicesima, maternità: non c'è niente! L'unica certezza che hai è che lo Stato non ti aiuterà e che, se non vuoi perdere definitivamente il treno, dovrai riprendere a lavorare il prima possibile. E così ho fatto: anche se non ero ancora pronta, né fisicamente né psicologicamente, ho preso armi e bagagli, bambina e tata, e mi sono trasferita a Roma per quattro mesi per un'altra stagione di *Tatami*.

Probabilmente sarebbe stato tutto più facile se avessi deciso di riprendere a lavorare quando Viola fosse stata abbastanza grande per andare all'asilo nido, o se avessi assunto una puericultrice subito dopo la sua nascita: di certo avrei avuto più tempo per riposarmi e riprendermi, per andare in palestra e tentare di avere una vita sociale; forse non sarei stata depressa così a lungo. Il punto è che non volevo che qualcun'altra crescesse mia figlia al posto mio. Chissà, magari Viola avrebbe deciso di fare il suo primo sorriso proprio mentre non c'ero, e io me lo sarei perso.

Ora lo posso dire con orgoglio: anche se è stato pesante, è stato il viaggio più bello della mia vita e sono felice di aver lottato e tenuto duro per essere dove sono oggi.

Perciò, se avevate voglia di fare un figlio ma siete rimaste terrorizzate da quello che avete appena finito di leggere, vi dico solo una cosa: fatelo lo stesso. La verità è che, sebbene non si possa mai essere abbastanza pronte alla guerra di trincea che è crescere una creatura, non c'è altra via, un po' come per il parto. Tranquille, comunque: dopo un po' si acquisiscono degli automatismi, l'alienazione da catena di montaggio aiuta a sentirsi più distaccate mentre il pupo, superata la vera e propria fase critica, si stabilizza.

Lentamente inizia la risalita verso una vita normale. E dopo i primi due anni, finalmente, uscirete a riveder le stelle.

Le vacanze
(Se ancora vuoi chiamarle così)

C'era una volta una spiaggia bianchissima, con l'acqua cristallina che arrivava quasi a lambire palme mosse da una brezza leggera. Attorno: calma, pace, riposo. Accanto a me, sdraiato sulla sabbia, un giovane uomo affascinante, che conoscevo da poco ma già trovavo irresistibile. Si chiamava Eugenio. Non stavamo insieme da tanto, ma eravamo giovani e ci piacevano gli azzardi; perciò eravamo partiti così, su due piedi: una specie di esperimento per vedere se eravamo compatibili anche nella situazione «vacanza».

Fummo benedetti dalla sorte. Come se ci fossimo ritrovati sul set di *Laguna blu*, approfittammo senza ritegno di ogni bellezza: passavamo le giornate stesi al sole, a leggere e chiacchierare; la sera, saltavamo di chiringuito in chiringuito a bere cocktail e mangiavamo pesce a lume di candela in qualche ristorantino romantico; la notte, infine, travolti dal potere afrodisiaco della papaia, ci dedicavamo a maratone di sesso (fin dalla prima volta, avevamo capito di avere un feeling incredibile e siccome non eravamo più ragazzini insicuri, ma persone risolte, potevamo finalmente goderci le nostre fantasie).

Tornammo da quella vacanza con la beatitudine stampata sul viso e la convinzione che avremmo passato il resto della vita a viaggiare assieme. Niente e nessuno avrebbe più potuto fermarci.

A dire il vero c'era – e ahinoi continua a esserci – un piccolo inconveniente: tra il suo lavoro a Crema e il mio, che impone ritmi serratissimi e lunghe trasferte romane, abbiamo sempre fatto molta fatica a passare del tempo insieme durante la settimana. Ma questo era un problema risolvibile: bastava concederci una fuga ogni weekend. Io sono un'appassionata viaggiatrice ed Eugenio ama l'avventura; così, in due anni e mezzo di relazione, non ci siamo mai fatti mancare niente: New York, Costa Rica, Grecia, Spagna, mare, montagna, campagna, lago, qualsiasi cosa pur di stare insieme, staccare il cervello e allontanarsi dalla frenesia cittadina. Eravamo una coppia dinamica, di quelle che restano a casa solo se hanno l'influenza (e alcune volte nemmeno con quella).

Poi, a un certo punto, sono rimasta incinta.

Dal quarto mese di gravidanza mi sono dovuta trasferire a Roma per lavoro e onde evitare troppi spostamenti, che avrebbero messo a dura prova sia me sia lo sviluppo di Viola, era Eugenio che ogni fine settimana prendeva un volo per raggiungermi. In quel periodo non avevamo una vita sociale particolarmente intensa e l'unica cosa che potevamo fare era camminare. Così camminavamo per ore: da Piazza del Popolo ai Fori, da Villa Borghese al Pincio; avanti e indietro per il Lungotevere e poi dentro al Ghetto, a Testaccio, alla Garbatella, al quartiere Coppedè, a San Giovanni. E due passi all'Eur? Ma sì, già che siamo in giro. Ci siamo inerpicati su ognuno dei sette colli. Conoscevamo la topografia della città meglio di un navigatore satellitare, e a me ormai sembrava di girare in tondo.

L'unico modo per non farci prendere dallo sconforto era continuare a sognare. Perciò, sempre camminando, passavamo le ore a immaginare quello che avremmo fatto dopo la nascita della nostra cucciola, quando la mia pancia non sarebbe più stata un vincolo: «Andremo al mare tutti i weekend» ci dicevamo. «Ai bambini fa bene l'aria pulita. La porteremo a trovare tutti gli amici che hanno una casa in campagna, così starà in mezzo alla natura e conoscerà uno a uno gli animali della fattoria. D'inverno, poi, la porteremo in montagna: le compreremo una piccola tuta da sci e uno slittino, e ci divertiremo per ore in mezzo alla neve».

«Sarà bellissimo» dicevo a Eugenio. «Sarà bellissimo» mi rispondeva lui. Sarà che eravamo più che altro rincoglioniti dalla felicità. Non avevamo proprio la più pallida idea di quello a cui andavamo incontro.

Vi hanno detto che sarà tutto come prima, che con un bambino si possono fare esattamente le stesse cose, che basta avere solo un po' di «buona volontà»? Palle. Fino al momento in cui anche l'ultimo dei vostri figli non avrà l'età per essere spedito a studiare le lingue in una colonia inglese, scordate di godervi di nuovo un viaggio come ai vecchi tempi. Io sono cosmopolita per educazione e un po' zingara nell'anima; sono una che fino a tre estati fa non vedeva l'ora di fare i bagagli; ebbene, da quando sono diventata mamma, ho capito che tornare da una vacanza riposati è scientificamente impossibile.

Ok, ammettiamolo: nel primo anno di vita le cose sono abbastanza gestibili; finché sono dei fagottini senza volontà, uno se li infila nel marsupio e gli fa fare più o meno quello che vuole. Viola aveva poco più di sei mesi quando, per capodanno, l'abbiamo portata con noi a Praga. In aereo è stata bravissima: le ho dato un po' di tetta durante il decollo e l'atterraggio per evitare che le si tappassero le orecchie (patiscono abbastanza la pressurizzazione della cabina), ma per il resto ha dormito tutto il tempo. Anche mentre noi, con quindici gradi sotto zero, andavamo in giro otto ore al giorno a fare i turisti. Ci fermavamo giusto il tempo per farla mangiare (grandissima invenzione, l'allattamento al seno) e poi ci rimettevamo in marcia. Un po' la portavo io, un po' Eugenio; lei si lamentava solo quando il naso dava i primi segni di congelamento. Genitori degeneri? Forse. O forse solo una coppia che nonostante lo «sconvolgimento» degli ultimi mesi stava cercando di fare il possibile per recuperare quell'intimità e quella complicità che ormai sembravano lontane anni luce.

Al rientro, ci siamo detti che avevamo superato brillantemente il primo test. È vero, avevamo dovuto portarci dietro un bagaglio in più pieno di arnesi per la manutenzione del neonato (pannolini, salviettine, creme anti-irritazione, gingilli per distrarla), ma Viola se l'era cavata bene durante gli spostamenti ed era egregiamente sopravvissuta anche al clima artico. Era la dimostrazione che aveva ereditato i geni dell'esploratore e così cominciammo ad accarezzare l'ipotesi di portarla con noi in qualche vacanza un po' più impegnativa.

Per sondare la flessibilità di Viola, qualche tempo dopo abbiamo fatto un secondo esperimento e siamo andati in Marocco. Questa volta aveva dieci mesi e avevo già iniziato lo svezzamento. Certo, adesso che non potevo più risolvere il problema del pranzo sganciando il reggiseno, avevamo la seccatura di dover trovare due volte al giorno un posto dove preparare le sue pappe, ma queste inezie non interferivano troppo sulla tabella di marcia: potevamo ancora infilare nostra figlia in uno zaino; perciò anche in quella settimana partivamo per il nostro giro alle nove del mattino e rientravamo nel riad solo dopo cena.

Quella vacanza rimarrà impressa nei nostri ricordi per un motivo preciso: proprio in quei giorni, Viola ha iniziato a gattonare. Era buffissimo vederla zampettare come un cucciolo da una parte all'altra della stanza, e noi eravamo entusiasti: ci mettevamo uno qua e una là, la liberavamo sul pavimento e, chiamandola a turno, la facevamo andare avanti e indietro come una spola. Questo gioco aveva fondamentalmente due scopi: innanzitutto serviva a stancarla, così che poco dopo crollasse in un sonno di pietra. In secondo luogo, cosa a cui tenevamo ancora di più, serviva a farle fare pratica. Sì, perché passato lo stupore per averle visto fare una cosa nuova, io e suo padre ci siamo subito lanciati uno sguardo d'intesa: gattona? Allora presto imparerà a camminare. E osservavamo estasiati nostra figlia procedere spedita verso l'autonomia. Brava Viola: vedrai come ti piacerà camminare per strada sulle tue gambine.

Pochi mesi dopo, come preventivato, quel torello ipercinetico di mia figlia aveva già acquistato una certa scioltezza: non dico che camminasse sui muri, ma barcollava con determinazione e arrivava dappertutto. Noi gongolavamo: ora la strada sarebbe stata tutta in discesa, soprattutto durante le nostre «fughe dalla routine».

E invece no. Perché i figli, come dice il sommo poeta Gibran, «benché stiano con voi, non vi appartengono. Potete dar loro il vostro amore, ma non i vostri pensieri, perché essi hanno i propri pensieri». Sì: essi hanno i propri pensieri. E per una legge matematica, *soprattutto in vacanza* i loro pensieri sono sempre diversi dai tuoi, così come i loro ritmi, le loro necessità e i loro gusti. Questo principio è stato particolarmente chiaro il Natale successivo, quando siamo partiti tutti e tre per la montagna.

Viola, che aveva quasi un anno e mezzo, era ancora troppo piccola per poter svolgere qualsiasi attività sulla neve (anche camminare, per lei che aveva appena imparato, era faticoso), però era finalmente indipendente nei movimenti e sufficientemente grande da riuscire a comunicare con noi (un vantaggio rispetto a quei primi mesi in cui ogni vagito è una cabala). Adesso era in grado di dirci se aveva fame, se era stanca, se sentiva freddo. Ma più di ogni altra cosa: adesso era perfettamente in grado di farci capire quando si annoiava.

I bambini sono progettati per funzionare a ciclo continuo, e se si fermano per cinque minuti, *muoiono* di noia. Non capiscono che ogni tanto sarebbe bellissimo chiudersi in una baita, bere una pentola di vin brulé e sonnecchiare per due ore davanti a una stufa con la coperta sulle gambe. No. *Loro* si annoiano. E siccome *tu* li hai messi al mondo, *tu* sei quello che li deve intrattenere.

E allora che fai? Ti inventi qualsiasi cosa pur di tirare sera: ti avventuri in seggiovia assieme a lei e sali al rifugio a prendere il sole, fai il pupazzo di neve, disfi il pupazzo di neve, fai un giro nel bosco, guardi la montagna, conti gli scoiattoli, rifai il pupazzo di neve, vai sul bob; poi vai un po' a casa a dormire, a fare la merenda, a fare il solletico, a giocare con quell'affare che schiacci i tasti e fa i versi di tutti gli animali dell'universo, compresi quelli esotici. Quando li hai sentiti tutti almeno sette volte, sei tu che cominci ad annoiarti; così, anche se fuori nel frattempo è calata la notte, ti avvicini alla piccola e le dici: «Viola, tesoro, perché non torniamo fuori a fare un altro bel pupazzo di neve?». Lei, continuando a pigiare bottoni che fanno *beee*, *muuu*, *miao* e *bau*, si volta e ti fulmina con uno sguardo: ha capito benissimo che è un trucco. È troppo scaltra, non la freghi. E dovrai trovare in fretta qualcos'altro da farle fare, perché da come sta scagliando via da sé il giocattolo degli animali (finalmente), è chiaro che sta di nuovo iniziando ad annoiarsi.

Diciamo la verità: così non è più una vacanza. Tu, il tuo compagno e i tuoi amici non siete più la priorità: sono questi nanetti alti meno di un metro i nuovi protagonisti indiscussi della scena. E di ogni vostra scelta. Senza quasi nemmeno rendervene conto, infatti, vi ritroverete a mettere da parte le abitudini di sempre per adeguarvi alle loro esigenze. Sarà un cambiamento graduale, lento, inesorabile, e la volta successiva che deciderete di prenotare delle ferie, vi sorprenderete a pensare che vi piacerebbe tornare in Grecia, ma a maggio l'acqua per lei è ancora troppo fredda. Che vorreste tanto fare un viaggio in macchina *on the road*, che so, in Croazia o in Portogallo, ma ci sono troppi scogli e le poche spiagge sono difficili da raggiungere già così, figuriamoci con un passeggino, due zaini, una borsa-frigo e una piscinetta gonfiabile larga come la ruota di un camion. Penserete che sarebbe davvero una figata andare con un gruppo di vecchi amici in barca a vela per un paio di settimane, ma piccina com'è, *quella* è un attimo che vi cade fuori bordo. Potete legarla all'albero maestro come Ulisse? No, naturalmente. E allora, dovete trovare altre vie.

A questo proposito, una soluzione intelligente potrebbe essere fare massa critica coi colleghi dello stesso girone: altri genitori di bambini piccoli.

I vostri amici già da qualche anno si stanno dividendo in due squadre: quelli coi figli e quelli senza. Quelli «senza» continuano ad andare al cinema, in pizzeria e alle terme nei weekend. Quelli «con», invece, sono tenuti in ostaggio dagli oscuri Signori del Pannolino, creature di una razza superiore che li tirannizzano senza pietà, li immobilizzano con un letale mix di pianti e sorrisetti paraculi, e non li lasciano mai più uscire di casa senza passeggino.

Ecco: in fatto di ferie, questi «desaparecidos dalla movida» potrebbero essere la svolta che cercate. Se siete intelligenti (e preferite vivere), comincerete a frequentarli più assiduamente di prima e, quando sarà ora, avanzerete la vostra proposta con nonchalance: «E se quest'anno, per ipotesi, andassimo via tutti assieme?».

Vedrete che vi diranno di sì: saranno commossi perché finalmente qualcuno li capisce e vi abbraccerete. Anche loro, quando sentono la parola «mare», hanno l'incubo di auto invase da palettine di plastica e culetti impanati di sabbia. Anche loro hanno accantonato ogni fantasia stile Camel-Trophy-colneonato e sognano solo di affittare una casetta in qualche luogo non particolarmente lontano dotato di un supermercato e con chilometri di spiagge di sabbia facilmente raggiungibili.

Andare in vacanza con amici che hanno figli è tutta un'altra cosa: hanno i vostri stessi ritmi (quindi non penseranno mai che siete degli svitati se alle sette del mattino vi trovano in cucina con vostra figlia a mangiare i cereali); sanno che al mare non è previsto rimanere sdraiati sul lettino a prendere il sole tutto il giorno (neanche per cinque minuti, a dire il vero, perché devi controllare che il bambino non affoghi, che non uccida altri pargoli e che sia sempre uniformemente glassato di protezione 50); non s'infastidiscono se la sera si finisce per rimanere in casa e andare a letto alle nove e mezza (dopo essersi tutti impietosamente abbioccati al primo tempo del film in prima serata). Ma soprattutto: sanno che con un bambino piccolo non si può pensare di affrontare viaggi di lungo raggio.

Non so se vi è mai successo di dover prendere un aereo per fare dodici ore di volo con un bambino di circa due anni. Potrebbe esservi capitato di volare seduti vicino a una (povera) madre fornita di suddetto bambino, che ovviamente non vi ha lasciato dormire neppure un minuto, e che voi avete (tacitamente) ricoperto dei peggiori insulti. Io l'ho fatto, lo ammetto. Quando non ero ancora mamma, chiedevo sempre un posto lontano da eventuali bambini: ogni fila che ci divideva aumentava le mie possibilità di riposare un po'. Ma la vendetta delle madri volanti si è scagliata su di me senza pietà.

Quando sono andata per lavoro alle Mauritius, Viola ha pianto sempre. E sempre significa: per tutta la durata del volo. I vicini l'hanno vista salire a bordo addormentata e pensavano che fosse innocua; lo pensavo anch'io. Ma dopo un'ora la Belva si è risvegliata. Forse le facevano male le orecchie, forse le giravano semplicemente le palle perché non era abituata a stare ferma per tutto quel tempo; fatto sta che ha inserito la sirena e da quel momento ha inguaiato l'intero aeroplano. La sentivano tutti, anche quelli chiusi al cesso.

Ho provato ad agitarle davanti i suoi pupazzetti, a cullarla, a distrarla col display del cellulare: nulla. Allora sono passata alle maniere forti, le ho detto: basta con questo capriccio; se fai la brava, domani ti porto alle giostre, al circo, allo zoo. Anzi, guarda: ti porto alle Mauritius, eh? Ti va? È un bellissimo posto dove io e te vivremo giorni fantastici, pieni di giochi, di sole e di mare. No? Allora ti prego, fallo per me, perché se piangi un altro po' il signore qua dietro mi pugnala col coltello di plastica attraverso la poltrona.

Sembrava non ci fosse verso di trovare il pulsante per spegnerla. Speravo che tra i passeggeri ci fosse un veterinario: avrebbe potuto spararle un sonnifero, come ai cavalli imbizzarriti; ma purtroppo non siamo stati fortunati. Anzi, ad aggravare il tutto ci si è messa anche una brutta turbolenza, durata circa tre ore, in cui la Belva, per sicurezza, ha dovuto rimanere legata a me. Avrei volentieri pagato dieci supplementi affinché mia figlia venisse piuttosto legata allo steward (ma anche metterla nella stiva non mi sembrava una cattiva idea).

Mi sono vergognata come poche volte nella mia vita. Se solo avessi ascoltato l'amica che mi aveva suggerito di darle quelle «miracolose» goccine (così politicamente scorrette) per farla dormire. Ma io no; da brava integralista avevo risposto, fiera: «Io mia figlia non la drogo!». Piuttosto castigo lei, me e l'aereo intero (tra vent'anni, ci sarà ancora qualcuno che racconterà di quella volta che, durante un volo, una bambina ha pianto per sette ore consecutive; guinness dei neonati).

Sia chiaro: crescendo, tendono a peggiorare. Aereo, macchina o mongolfiera, su qualunque mezzo li metti, quando sono piccoli piccoli dormono per la maggior parte del tempo e, se sono svegli, basta poco per intrattenerli. È dall'anno e mezzo ai quattro che portarli con sé diventa uno sport estremo.

Se poi sono bambini che come Viola detestano essere legati (ossia: praticamente tutti), qualsiasi spostamento più lungo di due-tre ore rischia di diventare una tortura. Una volta, in auto sulla tratta Milano-Roma, la nostra campionessa era partita davvero bene, con un'ora e mezza di pisolino. Tra Piacenza e Parma, tuttavia, già iniziava a non soffrire più le cinture e soffiava dal naso come un toro. Tra Roncobilaccio e Barberino del Mugello, infine, è esplosa in tutta la sua potenza e non c'è stato modo di placarla (vedi viaggio in aereo). Le è andata bene che quel giorno non c'era la coda, se no la lasciavamo in autogrill.

Non contenti, ci abbiamo comunque riprovato qualche mese dopo. Durante una mini-vacanza in Puglia ero stata poco bene e quindi, invece che prendere l'aereo come avevamo fatto all'andata – un'ora di viaggio era stata facilissima da gestire –, abbiamo deciso di tornare in macchina. In quell'occasione, neanche il benefit del pisolino iniziale ci ha concesso: ha frignato per tutti i seicento chilometri del litorale adriatico.

Per carità, non muore nessuno per qualche ora di pianto. Poi, a molti bambini la macchina piace: la figlia di una mia amica, per esempio, dorme *solo* in auto (sulla terraferma, mai). Ci sono bambini che non amano la macchina (come Viola), ma magari amano il treno (Viola lo odia), e quando lo prendono sono buonissimi. Ci sono bambini che invece di venire con voi a visitare le Crete Senesi, preferiscono stare a casa coi nonni, magari fino al compimento della maggiore età. Ecco, un figlio così è una benedizione; ma sono casi rari.

In tutti gli altri, tocca industriarsi; e a dire il vero, alla fin fine, ogni volta che ammorbo le mie amiche con le duecento fotografie (bellissime) di mia figlia (bellissima) in quel posto (bellissimo) dove siamo stati, so che per nulla al mondo baratterei quella vacanza – con tutti i suoi gelati sbrodolati su magliette pulite – per uno di quei viaggi da trentenne indipendente che facevo prima. Riuscirei a immaginarmi con Viola a Mykonos dai miei amici omosessuali che vanno a letto alle sette del mattino e si presentano in spiaggia alle cinque del pomeriggio pronti per ricominciare con aperitivo, cena e serata a base di alcol? No, ed è giusto così: arriva un'età in cui uno ha voglia di fare qualcosa di diverso. Una famiglia, tipo. E, detta come va detta: fare una famiglia è fico. Il resto si sistema.

Viaggiare coi figli piccoli al seguito sembra terribile? Lo è, per certi versi; ma la scoperta di un luogo col tuo bambino è un'emozione straordinaria: vede sempre delle cose alle quali tu, adulto, non avresti fatto alcuna attenzione. È dura, ma per cavarsela c'è un solo segreto: essere molto bravi nell'organizzazione del bagaglio. Basta attrezzarsi, dunque; soprattutto di pazienza.

Quando mi lamento, mi dicono di consolarmi, che non dovrò soffrire ancora per molto: pare che i bambini crescano a una velocità supersonica e non è lontano il giorno in cui potremo di nuovo fare viaggi oltreoceano con estenuanti marce quotidiane. Sarà bellissimo, più di prima, perché io ed Eugenio potremo condividerlo con lei. E poco dopo arriverà anche il giorno in cui Viola sarà diventata così autonoma da voler viaggiare da sola, nel senso che non ci sarà proprio più verso di convincerla a partire con noi. So già che mi dispiacerà. Ma intanto avrò risolto la questione. E finalmente potrò tornare a viaggiare col suo adorabile papà: quell'uomo che un tempo era anche noto come «il mio compagno».

La vita di coppia e il ruolo del papà

Una volta avevi un uomo, oggi tua figlia ha un padre

Ci dicevano: «Se riuscite a non lasciarvi il primo anno di vita del bambino, è fatta». Noi, che avevamo da poco comunicato agli amici la lieta notizia, sorridevamo increduli e facevamo segno di no con la testa: per noi sarà diverso, non capite? Noi questo bambino lo vogliamo! Siamo giovani, belli, sani, abbiamo un lavoro, sappiamo cosa stiamo facendo e soprattutto siamo innamorati come nessuno mai. Per quale motivo dovremmo litigare al punto di non volerci più né vedere né parlare? A noi non succederà, perché *noi ci amiamo*.

Ci dicevano che saremmo arrivati ai coltelli e che avremmo sfiorato la separazione un giorno sì e l'altro pure, ma noi non credevamo a una sola parola e vedevamo tutto rosa; avanzavamo mano nella mano verso la meta, immersi in una nuvoletta di felicità.

Quella nuvoletta, in realtà, nascondeva ai nostri occhi il percorso a ostacoli che avremmo affrontato durante i primi dodici mesi di vita di nostra figlia: orari completamente sconvolti, cancellazione del concetto di «giorno di riposo settimanale», abbrutimento fisico, disordine domestico ai massimi storici e, cosa più devastante di tutte, settimane intere senza dormire più di tre o quattro ore per notte.

Com'è noto, la privazione del sonno è uno strumento di tortura. Lo usavano anche gli americani a Guantánamo, ma poi smisero e sapete perché? Perché a forza di non dormire i prigionieri entravano in uno stato confusionale profondo e le loro confessioni non erano più attendibili. Insomma: a forza di non dormire, si impazzisce. Se siete curiosi e volete sperimentare personalmente gli effetti collaterali dell'insonnia forzata, fate un figlio. Dopo le prime tre o quattro notti in bianco vi sentirete stanchi, stremati, stressati, vorrete soltanto buttarvi su quel comodo divano con *chaise longue* che avete comprato apposta per farci sopra dei rigeneranti riposini pomeridiani, e poltrire fino alla fine dei tempi. Tutto sommato, però, ancora vi reggete in piedi. L'esperimento si fa interessante quando le notti in bianco diventano sei, sette, dieci, un mese, un'intera stagione. Be', in questo caso gli effetti principali sono due: a) come i prigionieri di Guantánamo, entrerete in un perenne stato confusionale e vi sembrerà sempre di stare in uno di quegli incubi in cui tutti i gesti sono rallentati; b) vi peggiorerà notevolmente il carattere, comincerete ad aggredire tutti e inizierete a ringhiare. E questo vale per i papà, ma soprattutto per le mamme, che sono più esposte e fisicamente più colpite.

Un tempo, quando entravi in bagno e scoprivi che la carta igienica era finita, al massimo sbuffavi amorevolmente, poi prendevi un rotolo nuovo dal mobiletto e la cosa finiva lì. Adesso, dopo soli due o tre mesi di «trattamento bebè», appena vedi il rotolo vuoto scatti subito verso il colpevole dell'orribile crimine, che sta giusto cercando di sonnecchiare sul divano per dieci minuti. Ti metti in posizione davanti a lui, gli punti contro l'indice e lo smitragli: «Devo fare tutto io, in questa casa! Pensi di vivere in un albergo? La verità è che siete tutti uguali: non siete capaci di alzare la tavoletta, figuriamoci se potete addirittura ricordarvi, che so, di ricomprare-la-carta-igienica-il-dentifricio-di-fare-la-spesa-di-cambiare-le-lenzuola-di-stendere-i-panni!». Lui apre un occhio (di più non può: è stremato quanto te) e con quello ti fissa confuso: «... Che succede?... Un'emergenza?». Tu sei fuori controllo, ma lui è sconvolto dal sonno e non riesce a decifrare. Allora provi a scandirlo più lentamente: «È POSSIBILE CHE OGNI VOLTA CHE FINISCI LA CARTA IGIE-

NICA NON TI PASSA MAI PER LA MENTE DI METTERE UN ROTOLO NUOVO?», stai gridando e hai le vene del collo così gonfie che sembri la sorella di Voldemort.

A questo punto, se va bene, lui è troppo debole per reagire: rimane sul divano stringendo i denti e aspettando che sia finita. Se no, si alza e ribatte; e allora scoppia il conflitto a fuoco: ci si rinfaccia di tutto, possibilmente girando attorno alla tavola come tigri e scagliando sul pavimento tutto ciò che si può rompere in mille pezzi. Potendo, si sbattono anche un paio di porte. Per colpire più a fondo, si ripescano episodi dei primissimi mesi assieme («Dovevo capirlo subito che eri fatto così»), oppure si chiamano a testimone gli dei («Tua mamma mi aveva avvisato»). Se l'altro accenna ad abbandonare il campo e la discussione, lo si rincorre da una stanza all'altra, perseguitandolo coi «Dove-credi-di-andare-sto-parlando-con-te». C'è solo una cosa che può mettere fine all'escalation nucleare: vagiti dalla culla. Di fronte a quelli, per causa di forza maggiore, si sospende la discussione e ci si precipita di nuovo ai posti di combattimento (la madre imbraccia il neonato per l'operazione poppata, il padre corre in bagno a sistemare un nuovo rotolo di carta igienica).

Ci dicevano che durante il primo anno avremmo tentato di ucciderci fra noi, ma io ed Eugenio, ignari, sorridevamo. Adesso che l'ho sperimentato sulla mia, anzi sulla nostra pelle, posso dire che è tutto drammaticamente vero: nessuna coppia, anche la più forte e solida, ne esce illesa. Innanzitutto, perché la stanchezza ti porta i nervi a fior di pelle per ogni stupidaggine (se non è la carta igienica, è la giacca lasciata in giro per casa). In secondo luogo, perché il nervosismo, le frustrazioni e l'incazzatura non le puoi mica riversare sul bambino, e allora le sfoghi sul primo che ti viene a tiro (che è quasi sempre il partner). In terzo luogo, perché il figlio si è rubato tutto il tempo, per te e il tuo uomo «da soli» non è rimasta più nemmeno un'ora, e questo è ingiusto, avvilente e fa incazzare; un po' come la privazione del sonno.

Un tempo tu e il tuo compagno vi confidavate tutto e vi sostenevate a vicenda; ora che dovreste fare fronte comune anche più di prima, che ne è stato del vostro collaudatissimo spirito di squadra? Finito, un po' come la carta igienica.

Per due anni almeno, si fa addirittura fatica a parlare. Mica perché ci si odia, no; è che non se ne ha il tempo materiale. Eugenio spesso e volentieri torna a casa dopo le sette di sera. A quel punto si gioca tutti assieme con Viola, che altrimenti non si gode il padre nemmeno cinque minuti, le si dà da mangiare, la si lava, le si mette il pigiamino e infine si cerca di farla addormentare. Tutto questo possibilmente entro le otto – sì, stiamo parlando in totale di sessanta minuti – così da avere il tempo di mangiare anche noi a un orario decente.

Se siamo fortunati e Viola crolla subito, la maggior parte delle volte ceniamo senza quasi rivolgerci la parola. Siamo talmente stravolti che a parte le domande protocollari tipo «Com'è andata la giornata?» o «Hai chiamato tua madre che ieri ti aveva cercato?», riusciamo a dirci poco altro – e alle nove stiamo già dormendo. Altrimenti, se lei è lì sveglia e pimpante come se si fosse appena fatta un litro di caffè per endovena, anche quelle poche cose che avremmo da dirci passano in secondo piano. Con lei che si intromette in continuazione chiedendoti di giocare, di leggerle un libro, di ballare *La bella lavanderina* che le hanno insegnato all'asilo, diventa difficile già scambiarsi comunicazioni da post-it sul frigorifero, figuriamoci se è possibile astrarsi e parlare d'altro, tipo prendersi per mano, dirsi ti amo e raccontarsi i propri sogni.

Anche perché lei fa la gelosa. Quando io ed Eugenio ci baciamo, per esempio, Viola arriva di corsa a mettersi in mezzo a noi e ci bacia entrambi. Un gesto tenerissimo, concordo, sorrido sempre quando lo fa, ma è anche il suo modo per dire: «Ci sono anch'io, non dimenticatevelo!». Come se fosse possibile. Lei è *sempre* in mezzo a noi. E, come tutti i bambini piccoli, pensa di esserci solo lei. Valle a spiegare che io e suo padre ci frequentavamo anche prima, che tra noi c'è un rapporto che esiste a prescindere da lei, nato alcuni anni prima di lei e che ogni tanto non ci dispiacerebbe riattizzare chiudendoci due giorni in una stanza d'albergo lontani da tutto, *senza* di lei.

Per fortuna, adesso che ha due anni ed è più indipendente, riusciamo a ritagliarci qualche momento in più per noi due: stiamo recuperando, per esempio, la bellezza dell'andare fuori senza la preoccupazione di dover tornare entro un certo orario per l'ultima poppata. Sia chiaro, all'inizio non puoi permetterti molto più di un'uscita serale (un cinema, una cenetta, qualche festa a casa di amici), però rispetto alla clausura di prima è già un notevole progresso.

Esistono anche coppie che pur avendo due figli piccoli non hanno mai mollato la loro vita sociale, ma sono pochissime e hanno un trucco: è gente che ha un aiuto costante in casa, ventiquattro ore su ventiquattro; gente che ha una tata, una colf e un poker di nonni, e perciò non si deve preoccupare né di allattare, né di preparare pappe, né di cambiare troppi pannolini. È gente che non ha il problema di andare a letto presto così da non essere completamente devastata il mattino dopo alle sei, quando la figlia si sveglierà e inaugurerà la sua e la loro giornata. Questa è gente fortunata. Gente felice.

Quest'anno, dopo mesi dedicati solo alla bambina, anche io ed Eugenio abbiamo provato a recuperare un po' di libertà; abbiamo fatto un esperimento, giusto per qualche giorno, tanto per vedere se ci ricordavamo ancora com'era stare insieme: per la prima volta abbiamo mandato Viola in vacanza una settimana con mia madre. Non era solo un test su di lei: volevamo anche vedere come reagivamo *noi*.

Appena gliel'abbiamo consegnata (completa di passeggino, giocattoli e attrezzistica varia), siamo zompati in auto, abbiamo ingranato la quarta e al primo baretto ci siamo fermati a brindare col prosecco anche se erano le dieci e mezza del mattino: sette-giorni-sette da soli, evvai! Non ci sembrava vero di avere tutto quel tempo a disposizione. Così, in preda alla tipica euforia degli evasi, ci siamo messi a fare progetti: perché non ti prendi le ferie e andiamo qualche giorno al mare? E se invece andassimo in campagna a fare lunghe passeggiate e ad addormentarci abbracciati davanti al fuoco? Potremmo passare tutto il tempo a farci le coccole. Oh, le coccole: quanti secoli sono passati dall'ultima volta!

Erano tutte idee grandiose, ma al pensiero di fare le valigie e affrontare uno spostamento ce n'è subito venuta una migliore: restiamo a casa e facciamocele lì, le coccole; non ci sarà il caminetto, ma abbiamo un divano fantastico e con due candeline l'atmosfera sarà perfetta. L'importante è che siamo solo io e te, amore – ci siamo detti, pigri e romantici. Poi però, un secondo dopo, il nostro senso pratico (che si è enormemente rafforzato da quando siamo genitori) ci ha fatto considerare l'ipotesi di ottimizzare, unendo l'utile al dilettevole: visto che restiamo a casa, potremmo sempre approfittarne per fare la spesa, per andare al Leroy Merlin, per sbrigare una di quelle duecento commissioni che ci trasciniamo da un anno. Insomma, stavamo prendendo una deriva pericolosissima: quella dei genitori iperattivi che quando si trovano in vacanza dai figli si sentono improvvisamente perduti.

Per fortuna, Eugenio ha reagito: «Sai che ti dico? Ho un'idea ancora più geniale: e se invece di andarcene in giro ci mettessimo a letto, con le lenzuola rincalzate fino al mento, e dormissimo fino a quando i Carabinieri non ci vengono a cercare per abbandono di minore?». Con questa, mi ha definitivamente convinto. Però purtroppo non è bastato. Non siamo rimasti a letto per una settimana. Non ci siamo rimasti nemmeno un giorno: non potevamo, non siamo più in grado. Abbiamo cercato con tutte le forze di «prenderci una vacanza» da quello che siamo diventati, ma fare un figlio anche in questo si è dimostrato un punto di non ritorno: dopo, non sarai mai più capace di cazzeggiare come facevi prima.

Sì, perché ormai hai inserito una marcia dalla quale non puoi più scalare. È un ritmo diverso rispetto alla tua vita precedente ed è vertiginoso. Perciò, se per magia ti capita di avere del tempo libero, non è che *non puoi* più cazzeggiare come una volta; è che *non vuoi*, non ti interessa più, non ti viene naturale. A me, per lo meno, è successo così: è come se la maternità mi avesse spostato a un livello di rendimento superiore e quando ho preso questa nuova velocità (che è una velocità anche esistenziale, non solo quella con cui devi afferrare tua figlia che si tuffa di testa verso uno spigolo), poi non potevo più scendere. La stessa cosa è successa un po' anche a Eugenio. Nessuno dei due sapeva, però, che l'alterazione del bioritmo è irreversibile, e che non saremmo mai più tornati quelli di un tempo.

Quando ci siamo ritrovati all'improvviso una settimana libera dopo un anno di ritmi serratissimi, eravamo convinti di poter finalmente fare l'unica cosa per la quale sentivamo ormai una straziante nostalgia: dormire. Credevamo di essere ancora capaci, la mattina, di andare avanti a oltranza, senza alcun ritegno, fino al primo pomeriggio. Invece, alle nove al massimo eravamo già sull'attenti, lavati, vestiti e pronti per uscire, e quando finiva la nostra giornata di lavoro ci sembrava strano poter decidere all'ultimo cosa fare durante la serata. Con dei figli in casa, hai sempre tutto perfettamente organizzato: lavoro, lavatrici, cibo, tata, serate. Non puoi permetterti di sbagliare un colpo! Perciò, quando d'un tratto dopo anni ci siamo ritrovati a improvvisare, non c'eravamo più abituati, ed è stato un po' spiazzante.

Di buono, in quella settimana, c'è stato comunque che, riposando finalmente come tutte le persone normali, abbiamo recuperato sembianze umane e soprattutto lucidità. E quando recuperi un po' di equilibrio fisico, capisci bene che al di là di tutta la fatica, lo stress, le litigate, è solo una questione di tempo: prima o poi passerà. E questo discorso, naturalmente, vale anche per il sesso.

Dopo l'esperienza traumatica del parto ero talmente debilitata, nel fisico e nella mente, che per i primi tre mesi sono stata assolutamente inavvicinabile. Non è che non avessi voglia: non mi passava proprio per il cervello! Ma per chiunque sarebbe stato così: rientri dall'ospedale malconcia e per settimane ti prendi cura senza pause di un bambino appena nato, non dormi, non mangi e fai perfino fatica a lavarti i denti. Dove diavolo lo trovi il tempo per fare la compagna-amante sexy? Come può venirti la fantasia di infilarti una guêpière e insinuarti nel letto con fare ammiccante? Dove le trovi le energie per «riaccendere il desiderio del tuo compagno»? Non le hai, e fare l'amore soltanto per far contento lui è uno degli errori più grandi che si possa commettere. La frustrazione è dietro l'angolo.

Eugenio da questo punto di vista è stato estremamente comprensivo; non mi ha mai chiesto nulla, né messo fretta: ha aspettato. Dimostrandomi, ancora una volta, quanto sia solido lui, e quanto lo siano la nostra relazione e i sentimenti che ci legano. Per qualche mese si è rassegnato allo stop forzato – del resto, è la natura che lo impone: durante l'allattamento, infatti, il corpo della donna produce prolattina, un ormone che fa diminuire la libido (e io di prolattina evidentemente ne producevo a litri, perché di fare sesso avevo voglia più o meno come di andare dal dentista).

Eugenio ha aspettato tanto, ma finalmente, concluso l'allattamento, abbiamo ricominciato ad avere rapporti sessuali. Non che le cose siano migliorate di molto, però. La prima volta che abbiamo rifatto l'amore io mi sono messa a piangere. Non per il dolore (ormai fisicamente stavo bene), ma perché non riuscivo a smettere di pensare che l'ultima volta che avevo «utilizzato» la mia vagina era stato per farne uscire qualcosa: mia figlia! Perciò forse non ero pronta a sentire qualcosa che entrava; non ero pronta a far sì che la mia vagina tornasse a essere un semplice organo che dà piacere.

Eugenio faticava a capire perché fare l'amore mi stesse scombussolando così tanto: dopo tutto, era una pratica che esercitavo ormai da una quindicina d'anni, perciò gli sembrava bizzarro che all'improvviso non mi ricordassi più i fondamentali. Ciononostante, mi ha aspettato – e lo ha fatto per settimane –, mi è stato comunque vicino, non mi ha mai giudicato e con delicatissime manovre di avvicinamento mi ha riconquistata centimetro dopo centimetro, lavorandomi ai fianchi (letteralmente) finché non ho ceduto, e ho ceduto volentieri: quando abbiamo finalmente ri-ingranato, ci siamo ampiamente rifatti di tutti quei mesi di astinenza. E, no: non era cambiato nulla; fare l'amore era ancora meraviglioso come prima e il desiderio non era per nulla diminuito.

Comunque vada, per recuperare una normale vita sessuale ci vuole tempo. La cosa che non bisogna assolutamente fare è smettere di confrontarsi. Tenersi tutto dentro peggiora solo le cose, e la situazione diventa pesante proprio perché non ci si capisce più: gli uomini, da un lato, si innervosiscono perché ci percepiscono lontane, fredde e si sentono rifiutati; noi donne, dall'altro, diventiamo ancora più rigide e isteriche perché ci sembra che loro non facciano alcuno sforzo per capirci e anzi che pensino solo a soddisfare le loro esigenze sessuali. Tacere, in un momento così delicato per la coppia, rischia solo di far degenerare irrimediabilmente una situazione già di per sé difficile da gestire.

Qualcuno vi aveva detto che fare un figlio è la cosa migliore per risolvere i problemi di coppia perché unisce i genitori, che ritrovano complicità, armonia o cazzate simili? Be', sono cazzate, appunto; e anche di quelle pericolose. È come consigliare a qualcuno di curarsi una gamba fratturata correndo una corsa podistica: non solo non funziona, ma provoca altri danni. Noi che il figlio l'abbiamo fatto dopo quasi tre anni che stavamo insieme, nel pieno dell'amore e della passione, eravamo sull'orlo della rottura ogni tre settimane; figuriamoci chi lo fa per disperazione.

Se poi ci si ama davvero e non si interrompe la comunicazione tra le parti in causa, si capisce che è tutto un problema di stanchezza e si va avanti. L'importante è essere consapevoli che è una fase e tenersi sempre reciprocamente informati dei propri stati d'animo. Perciò programmatevi un'ora libera (mai iniziare una discussione quando il pupo piange o è da cambiare; meglio prima imbottirlo di latte e metterlo a letto), fatevi una tisana rilassante e sedetevi con calma a guardarvi negli occhi: non siete nemici, voi vi amate; siete in guerra, sì, ma non l'uno contro l'altra (se poi anche questo sistema non funziona, potete sempre tornare a tirarvi i piatti).

Ho sentito anche di coppie che litigavano perché il padre era geloso del rapporto madre-figlio e si sentiva escluso. Magari dopo una giornata passata tutti assieme lui se ne usciva con frasi del tipo: «Oggi ti sei occupata solamente di TUO figlio, non mi hai considerato nemmeno per un secondo! Ti sei resa almeno conto che ero io quello al volante, seduto di fianco a te, che guidava la macchina e vi scarrozzava in giro?!». Di solito a questo punto una donna pensa che di bambino piccolo ne ha già uno ed esplode: chi è quella che si sveglia di notte per allattare, cullare, far riaddormentare il pupo? Chi è che prima di uscire di casa deve pensare al pannolino di scorta, al bavaglino, alla merenda se è pomeriggio, al golfino se è sera e magari si abbassa un po' la temperatura? Chi è che ha sempre in borsa otto pacchetti di fazzoletti casomai dovesse colargli il naso (anche al padre, non solo al bambino)? Chi è che al ristorante sta attenta che il figlio non si faccia male con coltello, forchetta, bicchieri di vetro o che al parchetto attiva la modalità «mille occhi» per essere sicura che la creatura non mangi terra, erba o tiri un sasso in testa a un altro bambino? E lui si lamenta perché ha *solo* dovuto guidare la macchina?

Ecco: se lei sta avendo uno sfogo simile, c'è solo una cosa che bisogna tassativamente evitare di dirle, ed è questa: «Eh ma amore, non è colpa mia se certe cose le puoi fare solo tu!». Invece di lamentarvi per le poche attenzioni, smettete di appoggiarvi a quel comodo alibi da società maschilista anni Cinquanta in base al quale «i bambini stanno meglio con la madre». I bambini stanno benissimo anche col padre e voi ce la potete sicuramente fare a dare una mano alle vostre compagne. Vi assicuro che è così, ne ho le prove. Un pomeriggio, vagando per siti e blog in cerca di conforto, ho letto il commento commovente di un giovane neopapà, che scriveva: «Ieri notte mi sono occupato di Maya fino alle 3. Ha pianto ininterrottamente nonostante le cullate, la ninna nanna, il rosario, le promesse, le minacce. Forse aveva la gotta, la borsite rotulea, la cistite, il delirio di onnipotenza, il mal sottile... Poi è arrivata la mamma e in tre secondi si è addormentata e ha dormito sette ore». Visto? Lui almeno il tentativo lo ha fatto, e questo ci dimostra che nulla è impossibile agli uomini di buona volontà. Poi è sempre meglio se nella vita ci si sceglie un compagno a cui queste cose non bisogna spiegarle ogni volta.

Io sono stata fortunata: sia io che Eugenio, per esempio, siamo cresciuti in famiglie dove il padre ha ricoperto un ruolo molto forte ed è sempre stato, fin dall'inizio, una presenza molto attiva. Siamo insomma entrambi figli di padri «accudenti» (il che, data la nostra generazione, non è scontato), perciò per il mio compagno è normale fare le stesse cose che faccio io: Eugenio prepara da mangiare a Viola, la mette a letto, la lava, la cambia, la fa giocare.

Di certo, come tutti i neopapà, i primi sei mesi anche lui è stato un po' tagliato fuori dal rapporto madre-figlia, ma ora che lei è più grande e interagisce si stanno affiatando sempre di più e il loro rapporto è evidentemente in crescita. Se capitasse l'occasione, li manderei volentieri anche in vacanza assieme da soli: sono sicura che si divertirebbero come pazzi. Sono anche certa che l'iniziativa mi si ritorcerebbe contro: è risaputo che, a lasciarli da soli, padri e figlie stringono alleanze segrete con le quali poi si oppongono alle mamme, nel tentativo di instaurare in casa un regime di totale anarchia. Sì, perché il padre, nonostante tutto, rappresenta pur sempre l'aspetto ludico, il genitore buono e, si sa, i bambini vanno pazzi per queste cose.

Per intenderci: Viola sa bene che con me non si scherza, che quando la rimprovero deve ascoltare ciò che dico; ma se la sgrida suo padre, fa gli occhietti furbi e si mette a ridere. Non è che non abbia capito che deve obbedire a entrambi i genitori; ha semplicemente intuito che il segreto, in famiglia come nella finanza, è diversificare: con la mamma per certe questioni non c'è storia? Può sempre farsi amico il papà. E siccome Viola è una bambina sveglia, ha già imparato che le basta poco: per suo padre (un po' come per tutti) ogni sorriso è un colpo al cuore, per cui per lei è facile ipnotizzarlo. Lui pensa che quelle della figlia siano manifestazioni d'affetto, ma lei lo sta solo testando: cerca di capire fino a che punto può spingersi con lui. Perciò fa un po' la smorfiosetta, poi sbatte gli occhioni, gli si arrampica addosso e gli dà un bacio sulla guancia. Insomma, lo vuole conquistare e, come ogni femmina che si rispetti, non risparmia colpi bassi.

Sapete qual è stata la sua prima parola di senso compiuto dopo una serie infinita di «gugugu» e «bababa»? «Papà.» Poteva dire «cacca», «tata», «nanna» o qualsiasi altra parolina facile facile di due sillabe. Invece no: ha proprio scandito forte e chiaro un paio di volte «papà». E lo diceva indicando Eugenio, per cui non era uno dei suoi soliti gargarismi impazziti.

Che dire? Sono soddisfazioni. Uno le regala gli anni migliori della sua vita, sta tutto il giorno con lei, le mette le supposte quando ha la febbre, le fa il massaggio al pancino quando ha le colichette, e qual è la sua prima parola? Papà.

Per fortuna la seconda è stata «mamma», altrimenti sarei stata costretta a ripudiarla.

Tata e nonni

Soluzioni a cui ricorrere quando non ce la fai più

Devo dire la verità? Fino a quel momento non ci avevo proprio pensato. Forse ero troppo impegnata a infilarmi nel tunnel della depressione post partum per rendermi conto che in casa mia ci fosse un'emergenza in corso. Del resto, non avevo mai avuto dubbi che sarei riuscita a farcela da sola, in fondo dovevo «semplicemente» accudire un neonato... E invece no! Il mio equilibrio psicofisico era a pezzi e io non facevo altro che chiedermi a quale santo (o supereroe) mi sarei dovuta rivolgere per farmi venire a salvare da quella valle di lacrime, ciucci e pannolini...

Una mia amica aveva la risposta: «Ti serve una TATA, bellezza. Hai presente quelle persone che in cambio di uno stipendio si occupano del bambino, ti aiutano con le faccende e ti risolvono l'esistenza? Ecco: ti ci vuole una di quelle». Improvvisamente mi sono illuminata come una lampadina, ritrovando finalmente un barlume della lucidità perduta a causa della stanchezza. Aveva ragione lei: a quel punto della mia vita e della mia esperienza come neomamma avevo davvero bisogno di una tata.

«Guarda come sei ridotta» ha insistito con uno sguardo a metà tra la compassione e l'amore.

«Perché, come sto?»

«Così» ha detto lei alzando un sopracciglio e indicandomi con tutte e due le mani. Era la terza volta che veniva a trovarmi da quando avevo partorito; Viola aveva due mesi, casa mia sembrava il set di *The Day After* e io ciabattavo per il salotto in vestaglia raccogliendo tazze sporche e vestiti buttati sul divano. «Sì, Cami: tu hai assolutamente bisogno di aiuto» ha concluso, scuotendo la testa.

E il destino, o chi per lui, ha ascoltato lei e le mie preghiere. Senza dover neppure passare attraverso il grande database delle baby sitter milanesi, un'altra mia amica mi ha proposto Liliana. Con lei mi sono trovata subito bene. Non è facile incontrare la persona giusta, ma in realtà, credo che molto dipenda anche dal tasso di elasticità mentale di una madre: è vero che non puoi metterti in casa chiunque, ma un po' dovrai pure rassegnarti ai compromessi; magari non fa il sugo identico al tuo, però è capace di cambiare un pannolino in tre mosse e con una mano sola. Fondamentale, in questo senso, è allora soprattutto che una mamma abbia ben chiaro in mente quello che si aspetta da una figura come quella della tata: esattamente, cosa vuoi che faccia questa signora per te?

Per esempio una mia amica ha avuto una *tata-story* da incubo. In due anni avrà provato qualcosa come venti tate diverse: una non convinceva lei, l'altra aveva un problema di salute e ha dovuto smettere di lavorare, un'altra ancora non piaceva ai bambini, una era allergica al gatto, un'altra cucinava male.

Certo, è difficile pensare di poter delegare completamente l'educazione dei propri figli a una tata. Quello che secondo me dovrebbe fare una figura del genere è intrattenere e stimolare il bambino, possibilmente evitando che finisca al pronto soccorso con duecento punti in faccia.

Per carità, oltre al momento gioco o lettura libro, c'è anche quello più serio in cui bisogna insegnare il rispetto di determinate «regole», altrimenti è un attimo che ti mettono i piedi in testa. Liliana sa che ci tengo in modo particolare, ma ovviamente non le chiedo di educare Viola al posto mio; il nostro patto d'acciaio è che lei mi aiuta a mantenere alcune linee guida che io ho stabilito. Per il resto, quando non posso occuparmi di mia figlia perché sto lavorando, gliel'affido in tutto e per tutto.

Non capisco quelle mamme troppo apprensive che non vogliono che i propri figli escano di casa con le tate o quelle mie amiche che mi dicono scandalizzate: «Cami, ma tu sei matta! Mandare Viola sui mezzi pubblici senza di te!». Le prime volte rispondevo: «E che problema c'è? Non è da sola: c'è Liliana», ma loro attaccavano con la rampogna che la tata è pur sempre un'estranea, che la mia era una leggerezza e che poteva succedere di tutto perché il mondo è pieno di gente che ruba i bambini. A sentire loro, nemmeno il pericolo di un rapimento alieno andava sottovalutato. Per tutta risposta, ho smesso di fornire spiegazioni e ho continuato tranquillamente a far uscire Viola con Liliana.

Un consiglio: se avete intenzione di farvi aiutare da qualcuno è bene che iniziate a fare i conti con il fatto che DOVRETE imparare a fidarvi. Avere una tata e non fidarsi non ha senso: è come comprare una Ferrari e poi farci il giro dell'isolato.

Ovviamente non è che mi sono fidata di Liliana così, a scatola chiusa; prima l'ho sottoposta a un mese di prova durante il quale la osservavo mentre stava con mia figlia e nel caso la correggevo quando mi sembrava giusto farlo. Poi, però, basta. Perciò, sarà stato il rodaggio particolarmente lungo, sarà che effettivamente io e Liliana abbiamo scoperto di avere un modo abbastanza simile di fare le cose e che ci siamo anche state immediatamente simpatiche, una volta capito come si muoveva, non ho più avuto dubbi su di lei: le ho affidato mia figlia e, anche se il mio occhio da Grande Fratello controlla tutto, le lascio quella libertà di cui ha bisogno per potersi godere il tempo che passa con Viola.

Ci sono solo tre regole ferree e indiscutibili che ho imposto a Liliana e che lei sa che non devono mai essere infrante. Primo: niente televisione – Viola ha il permesso di vedere i cartoni animati solamente dieci minuti la sera prima di andare a dormire. Secondo: niente dolci – su questo sono una vera integralista: vuoi la merendina? Ti becchi la frutta. Sulla buona alimentazione non transigo. Anzi, a proposito di questo, sto combattendo una dura lotta contro il mondo semplicemente perché vorrei evitare che mia figlia di appena due anni diventi dipendente dallo zucchero o da qualche *junk food* in generale. Non capisco perché la parola «nonna» (o «zia») debba coincidere con «caramelle», «lecca lecca», «patatine» o schifezze varie. Pensano sul serio che dandole i dolcetti conquisteranno il suo affetto? Qual è il pensiero che sta dietro a un gesto così stereotipato? E poi, perché quando io, la mamma, gentilmente ringrazio ma rifiuto l'offerta, vengo considerata un mostro crudele: «Povera bambina, cosa vuoi che le faccia una caramella»? Ma come povera bambina?!

Io sto facendo il suo bene, evitando che si intasi di dolci, dolcini e dolcetti, almeno per ora, fino a che è sotto il mio controllo. Avrà tutta la vita per mangiare male e per colmare qualsiasi malessere col cibo.

Certo, è molto difficile farle capire perché sia meglio mangiare una pesca per merenda, mentre tutti gli altri bambini intorno a lei divorano patatine, focacce o merendine confezionate. Ma sono certa che un giorno mi ringrazierà.

La terza direttiva indiscutibile che vige in casa nostra è: niente parolacce. Anche se, a dirla tutta, su questo terzo punto sono io quella che dovrebbe essere bacchettata. Le mie amiche mi avevano avvisata: «Stai attenta a quello che dici quando c'è Viola. Guarda che arriva il giorno in cui cominciano a ripetere tutto e di punto in bianco, quando meno te lo aspetti, se ne escono fuori con una parolaccia». E così è stato.

Un giorno ero in macchina nel traffico milanese, non avevo nemmeno finito di apostrofare un imbecille che aveva parcheggiato nel passo carraio davanti a casa mia, che Viola dal suo seggiolino, con tono innocente e interrogativo ha ripetuto: «Mamma, gnore teta di cazzo?». Ecco – ho pensato – è successo; l'ha detto per davvero. Ed era anche riuscita ad articolare la parola in maniera perfetta. Mentre mi passavano davanti agli occhi le centinaia di ore passate a insegnarle a dire «grazie», «per favore», «rosso», «cane» (ottenendo peraltro solo risultati discutibili: «accie», «pefaoe», «osso», «aane»), ho cominciato a chiedermi se per caso non lo avesse fatto apposta. Avrebbe potuto biascicare qualche «gagaga» tipico della sua età e farmela passare liscia ancora per un po', invece eccola: pronuncia ineccepibile. E tempismo perfetto.

Ho subito lasciato perdere il tizio col furgoncino parcheggiato abusivamente e ho cercato una via di uscita. La prima reazione, peggio di un uomo beccato a letto con l'amante, è stata quella di negare anche l'evidenza: «No amore, non hai capito, la mamma ha detto che il signore aveva un "gatto"». L'ho ripetuto più volte, «Gatto, gatto, gatto», per essere sicura che quelle due sillabe scalzassero per sempre l'altra (brutta) parola dalla sua innocente testolina. Lei mi ha fissato dubbiosa per un po' e alla fine ha detto un «gatto» molto poco convinto; si capiva perfettamente che stava pensando: «Non c'è nessun gatto, mamma, e probabilmente sei impazzita. Comunque, quel signore che ha parcheggiato davanti al nostro portone è proprio una testa di cazzo».

Lo so che può sembrare una cavolata, ma solo dopo aver realizzato di avere in casa un fagiolino di venti mesi che ripeteva tutto quello che dicevo mi sono resa conto di quante parolacce riuscissi a pronunciare in un giorno solo. Fossi andata avanti così, Viola a quattro anni oltre all'italiano e allo spagnolo avrebbe sicuramente già padroneggiato egregiamente anche una terza lingua: lo slang degli scaricatori di porto. Perciò, per correre ai ripari, mi sono imposta una ferrea autodisciplina che consisteva fondamentalmente in due cose: mordermi a sangue la lingua ogni volta che dalla mia bocca per sbaglio stava per uscire una parolaccia, e iniziare immediatamente a utilizzare dei surrogati.

Da quel momento in poi, in casa e fuori, è stato tutto un ripetersi di «cavolaccio», «mannaggia», «diamine». Volendo proprio esagerare, anche un azzardatissimo «porca miseria», ma solo nei giorni festivi. Ha funzionato: perdere l'abitudine all'improperio non è stato per niente facile, ma questa specie di digiuno purificatore mi ha fatto un gran bene, e adesso parlo come un'educanda. E inoltre, il dover prestare sempre attenzione a quello che dico mi ha reso più calma, più riflessiva, più ponderata. Insomma: oggi sono una persona migliore. (... La verità? Non vedo l'ora che Viola sia grande per poter tornare a essere la donna orribile che ero fino a due anni fa, quella che sacramentava senza ritegno: era così liberatorio.)

Comunque, parolacce (le mie) a parte, l'ingresso di Liliana nella nostra vita è stato fondamentale: passa con noi otto ore al giorno e quando Viola va all'asilo nido mi aiuta in casa con le mille faccende domestiche. Quando non sto bene – ebbene sì, a volte anche una mamma può ammalarsi – si occupa della bambina e della casa mentre io recupero le forze. Liliana, dunque, ogni giorno lava, stira, cucina, pulisce, si prende cura di Viola e se glielo chiedo fa perfino la spesa; la cosa eccezionale è che fa tutto esattamente come lo farei io. Col tempo, infatti, ci siamo affiatate e ora è come avere un gemello di riserva che salta fuori la mattina, se ne va la sera e durante la giornata, per il prodigio della moltiplicazione delle forze, fa tre quarti delle cose che dovresti sbrigare tu. Insomma: la tata è uno dei lussi più grandi che una mamma possa avere. Altro che diamanti: Tata *is a girl's best friend*, cara Marilyn.

Oltretutto ormai Liliana è una di famiglia: Viola le vuole molto bene e indiscutibilmente ci sta dando una grossa mano nel crescerla, cosa di cui le saremo sempre grati. In particolare ha avuto un ruolo molto importante nello spronarla a essere il più indipendente possibile a livello fisico: nello stare seduta da sola, nel bere dal biberon senza che qualcuno glielo reggesse, nel camminare. Visti gli ottimi risultati, penso spesso che una bella fetta del merito dei progressi di mia figlia sia suo.

Per quanto riguarda i nonni, invece, la faccenda è leggermente diversa.

I genitori di Eugenio purtroppo abitano lontano e riescono a stare con la loro nipotina soltanto un paio di fine settimana al mese, quando andiamo a Crema a trovarli. Dal punto di vista logistico sono inutilizzabili: loro vorrebbero, ma non possono aiutarmi quotidianamente a crescere Viola. In compenso le stanno donando una cosa altrettanto importante e meravigliosa: la possibilità di vivere la natura. Abitano in campagna, e quando vedono la piccola spesso la portano a giocare con le galline, con le uova, con gli animali: lei si diverte come una matta e credo sia utile che cresca capendo che l'insalata nasce nell'orto e non dentro alle buste di plastica (ho saputo di bambini di città convinti che il latte uscisse da un rubinetto perché non avevano mai visto una mucca in vita loro). Attraverso il rapporto coi nonni, Viola sta dunque sviluppando un aspetto bucolico che altrimenti non avrebbe mai scoperto e del quale sono assolutamente entusiasta.

Mia madre invece vive a Milano, e Viola la vede spesso: oltre ad avermi letteralmente salvata nei primi mesi, trasferendosi a casa nostra dalle nove del mattino alle nove di sera per aiutarmi e prendersi cura di noi, interviene molto di più anche dal punto di vista educativo. L'unica cosa che le «impongo» sono gli orari. O meglio, ogni volta glieli ripeto: a che ora mangia, a che ora fa il pisolino, a che ora vuole la merenda. Ho bisogno che anche mia mamma si adegui a quella routine che, non vedendo la bambina crescere tutti i giorni, ogni tanto perde di vista.

Per tutto il resto, so di potermi fidare completamente: mi ha cresciuto lei, so come «lavora»; conosco – e condivido – i suoi valori e so che i suoi insegnamenti sono perfettamente in linea con i miei. Se anche così non fosse e offrisse a Viola una visione diversa dalla mia, la cosa non mi disturberebbe più di tanto: credo sia un bene che Viola si abitui al fatto che ci siano diversi modi di vedere le cose. Questo l'aiuterà a sviluppare in futuro una maggiore capacità critica e a sapere che gli adulti non sono tutti uguali. Per ora l'importante è che capisca che, anche se deve obbedire a tutti (genitori, nonni e tata), tra gli adulti esiste una gerarchia e a fine giornata quella a cui deve rispondere sono soltanto io. Di mamma ce n'è una sola. E questo, ovviamente, vale anche per me.

La cosa bella di mia madre, che le invidio molto, è che, come tutte le nonne, ha l'esperienza di una mamma senza averne le paure. Io quando sono con Viola le tengo sempre il radar puntato addosso: «Stai attenta a quello spigolo», «Guarda che se sali là sopra poi ti fai male», «Non mettere in disordine le cose della mamma», «Lascia stare le pentole». Le faccio mille raccomandazioni a ciclo continuo. Mia madre invece è molto meno apprensiva: se cade,

cade; se si fa un po' male, pazienza, la prossima volta non lo rifarà; e se mette in disordine la casa, poco male, ci penseremo a sera.

Credo sia una questione generazionale: loro facevano i figli presto e, credo, proprio grazie alla loro giovane età, e in parte anche alla loro inesperienza, riuscivano a non vedere pericoli mortali per il bambino ogni trenta secondi. Erano la generazione del «ciò che non ti uccide ti fortifica», per cui era normale che facessero altre mille cose senza avere lo sguardo costantemente appiccicato ai pupi. Che imparassero un po' a cavarsela da soli, insomma. Ah, come vorrei essere così calma e serafica anch'io! Come vorrei essere una mamma zen, di quelle con la faccia come il Buddha e un'aureola di serenità intorno alla testa. Invece no: io sono sempre in modalità «attenta-che-tua-figlia-potrebbe-spaccarsi-la-testa-da-un-momento-all'altro». Così è come se fosse un lavoro.

Per fortuna, quando davvero stai per arrivare alla frutta, accorrono i nonni a darti una mano. Anzi: le nonne. Nel tentativo di riposarmi e rilassarmi un po', quando Viola aveva ancora dieci mesi, siamo andate alle terme di Saturnia. Io, lei e mia madre («Non vorrai mica andare da sola? E poi chi ti aiuta con la bambina? Finisce che non ti riposi neanche un attimo»). Obiettivo della mini-vacanza: *mens sana in corpore sano*. Risultato ottenuto: isteria pura. E non per colpa di Viola.

Non è che mia madre facesse qualcosa di sbagliato, il problema era che mi diceva in continuazione quello che dovevo fare, come se conoscesse Viola meglio di me. Magari piangeva, io la cullavo per farla addormentare e lei mi diceva: «No Cami, secondo me ha fame». Oppure: «No, ma guarda che quando fa così è perché ha mal di pancia». Sembrava che avesse una specie di potentissimo decoder con cui riusciva a decifrare il significato di ogni singola smorfia di mia figlia: ora ha sonno, ora ha sete, ora ha un rigurgito, ora ha un capriccio. Sapeva sempre tutto lei. Al terzo giorno, quando se n'è uscita con un «Non la tenere troppo in braccio che poi si abitua male» gliel'ho allungata e le ho detto: «Facciamo così: te la do in affidamento finché non compie diciott'anni, così ci pensi tu» (e le è andata bene che ero molto rilassata perché mezz'ora prima avevo fatto un massaggio). Insomma, mi sembrava di essere continuamente in competizione. E in effetti lo ero. Per carità, mia madre voleva solo aiutarmi, ma io mi sentivo mortificata, come se non mi ritenesse capace di fare nulla.

Quello che non avevo ancora capito è che, così come le mamme devono imparare a fare le mamme, anche le nonne devono entrare nel ruolo, e da sole non sempre ce la fanno. Da quando gli nasce un nipote, infatti, in loro si riattivano improvvisamente vecchi istinti di trent'anni prima e senza volere ti trattano un po' come se avessi sei anni e dovessero insegnarti a giocare con la tua nuova bambola.

Perciò, prima che la situazione diventi insostenibile e voi finiate schiacciate tra l'incudine (vostra figlia) e il martello (vostra madre), dovete reagire: occorre addestrarle, mettere dei paletti, delimitare il territorio arginando i loro continui tentativi di sconfinamento. È un po' come si fa con le tate, ma in più con le nonne serve disciplina ferrea e pugno d'acciaio, altrimenti approfittano del vincolo di parentela e vi scavalcano. Nonna: se la conosci, la argini; se la argini, non ti uccide.

Sarà un lavoro impegnativo, potete scommetterci, ma in futuro ne raccoglierete i frutti: quando sarete finalmente riuscite a domare vostra madre e a ridurla a più miti consigli, potrete smettere di battibeccare per ogni stupidaggine, deporre le armi e affidarle vostra figlia perché la porti un po' più spesso al parco. O magari un mesetto in montagna. Potrete, insomma, godervi anche la nonna. E la vostra riconquistata libertà.

L'asilo nido
La più grossa invenzione al mondo dopo il biberon

Viola va pazza per l'asilo nido. Ogni mattina, appena si sveglia, snocciola ad alta voce i nomi di tutti i suoi compagni, come se fremesse per la voglia di andare a giocare con loro. Per fortuna (sua e mia) è sempre stato così e l'inserimento, alla fine, è servito più a me che a lei: almeno ho avuto modo di osservare il mio animaletto in un *habitat* diverso dal suo (come tutte le mamme, anch'io vorrei sempre avere una telecamera nascosta per spiarla quando non ci sono).

Prima che tutto questo avesse inizio, comunque, mi avevano come al solito preparata al peggio, soprattutto per la fase iniziale, quella del distacco. Per facilitare le operazioni bastano poche regole. In primis: salutare il bambino una volta sola, con decisione, altrimenti percepirà la vostra incertezza e comincerà a piangere. Se poi guarda dalla finestra o dall'aula, salutarlo sorridendo e andare via senza fermarsi a guardare come si comporta: vedendovi potrebbe mettersi a piangere. Infine, nel caso in cui si fosse *già* messo a piangere, cercare di essere comprensive e rassicurarlo sul fatto che a volte qualche lacrimuccia aiuta a superare i momenti difficili.

Bene: tra i sensi di colpa per l'«abbandono» che stavo per commettere e tutto il terrorismo psicologico al quale ero stata sottoposta, il primo giorno che ho accompagnato Viola all'asilo nido ero pronta per affrontare come minimo una tragedia greca. Continuavo a ripetermi tra me e me le regole che mi avevano suggerito – salutare con decisione, sorridere, comprendere – e mi dicevo che dovevo essere forte e che ce l'avrei fatta anche questa volta. Mi immaginavo una scena straziante: la mia bambina in lacrime, aggrappata alle inferriate del cancello, che singhiozza senza sosta i suoi disperati «ma-mma-mma».

In realtà, quando siamo arrivate all'asilo per la prima mezz'oretta di ambientamento da passare assieme, l'ho vista tuffarsi con un doppio salto mortale carpiato e un sorriso da guinness dei primati nei giochi che le stavano attorno. Ha forse salutato la sua mamma, prima di sparire per sempre in mezzo ai Lego? No. Si è forse preoccupata che sua madre si sentisse sola e spaventata, in mezzo a tutta quella gente sconosciuta? Men che meno. Ha girato quel suo delizioso culetto a punta e mi ha piantata lì, aggrappata alle inferriate del cancello, a guardarla mentre se ne andava coi suoi futuri compagni. «Addio, mio tesoro. Spero che un giorno le nostre strade si rincontreranno», ho agitato il mio fazzolettino bianco. Non credo che mi abbia sentito: era già tutta presa dalla sua nuova vita.

Per la verità, non ho fatto nessun dramma. Anzi, ero felicissima che mia figlia fosse tanto entusiasta: se non altro, non avrei mai dovuto litigarci per mandarla a scuola. Molte madri, invece, combattono quotidianamente con i loro figli per riuscire a convincerli che li stanno solo portando all'asilo, e non dando in adozione per sempre alla strega di Hänsel e Gretel. Ma se questi cuccioli sono così terrorizzati dalla prospettiva di restare per qualche ora lontano dalla madre, una qualche ragione ci sarà. Faccio un'ipotesi politicamente scorretta: non sarà stata proprio la mamma a dire loro che là fuori è pieno di mostri cattivi? La paura del distacco e dell'abbandono non sarà più che altro un problema nostro, delle madri? La reazione dei pargoli dipende soprattutto da noi, da come e da che cosa raccontiamo loro rispetto al mondo, agli altri, alla curiosità verso nuove esperienze.

A Viola fortunatamente devo aver trasmesso una visione dell'universo come di un posto fichissimo, perché all'asilo ci va davvero volentieri. Ci si diverte talmente tanto, che i primi tre mesi, invece di piangere quando la portavo, piangeva quando andavo a riprenderla! Questa sua madre perfida e senza pietà la riteneva troppo piccola per mangiare e fare il sonnellino con gli altri bambini (è vero, faccio tanto la mamma moderna e controcorrente e poi...), e alle 12.30 la portava via sul più bello, facendole perdere qualche fondamentale sessione di palloncini o capriole. Fosse dipeso da lei, sarebbe rimasta al nido fino a sera. E se potesse, secondo me, ci andrebbe anche la domenica.

E dire che ci sono molte donne che vedono il nido come un posto dove i bambini vengono «scaricati», un parcheggio dove noi mamme egoiste li molliamo per un tot di ore al giorno. Anche personaggi qualificati: la tata per eccellenza di *S.O.S. Tata*, Lucia, ad esempio, è una convinta sostenitrice di questa teoria. Quando ha saputo che avevo deciso di iscrivere Viola al nido mi ha quasi insultata spiegandomi che i bambini sotto i tre anni non sanno socializzare e che quindi obbligarli a frequentare una comunità di coetanei è del tutto inutile. Può darsi, ma mia figlia (di soli ventiquattro mesi) ha già tutto un suo collaudato giro di amichette, nonché un paio di fidanzati e alcuni simpatizzanti. Se questo non è socializzare, non voglio pensare a cosa farà quando avrà quattordici anni.

Certo, secondo lei, tutti i giochi, tutti i cani, tutti gli oggetti del mondo sono suoi, ma quale bambino non attraversa questa fase? E imparare a condividere, a rispettare, ad aspettare il proprio turno, a obbedire e, perché no, anche a litigare, non vuol forse dire imparare a vivere? L'asilo nido è anche un campo di battaglia, un luogo dove imparare la dura legge della natura. Un po' come i giardinetti. Prima, ci sarò passata davanti milioni di volte, passeggiando con il mio cane, tagliando per il parco in bici per evitare le strade trafficate e rumorose, o semplicemente chiacchierando con un'amica. Del tutto ignara del mondo che stavo inconsapevolmente sfiorando. Prima di avere Viola.

Poi, ho scoperto l'universo dei giardinetti per bambini. Fatto di gerarchie e anzianità, di simpatie e alleanze, di mamme agguerrite pronte a difendere a spada tratta la dignità della loro progenie. No, non sto esagerando, è un po' come andare in guerra, devi essere preparata psicologicamente: ci sono i bambini più grandi che rubano i giochi a quelli più piccoli; quelli più violenti che spingono e strattonano la vittima di turno; quelli che fanno comunella e si impadroniscono dello scivolo, impedendo agli altri di usarlo. Piccoli bastardi! Ma devi comportarti da persona adulta, non puoi metterti a discutere con dei bambini. Allora timidamente ti rivolgi alle madri che stanno parlando appartate in un angolo, appoggiate alla famosa staccionata: «Mi scusi, può dire a suo figlio di non rubare il coccodrillo di peluche a mia figlia per darlo in pasto ai piccioni?». Smettono di parlare, ti guardano con supponenza, non vedono il problema: chi sei tu per rompere lo *status quo* di questo parchetto? In genere in quel momento, appena prima di commettere un omicidio plurimo, alzo bandiera bianca e io e Viola ce ne torniamo a casa con il coccodrillo in mano, la coda tra le gambe e un diavolo per capello.

La vita è dura e ingiusta, meglio abituarcisi fin da piccoli. E l'asilo è una grande palestra. Non parlo in qualità di esperta, ci mancherebbe, ma da quello che ho visto, chi lo frequenta si rapporta con il mondo in maniera più indipendente.

Ai bambini stare con altri bambini può solo fare bene, perciò proprio non capisco quei genitori che pensano che mandare un figlio al nido sia una specie di atto contro natura, che un bambino potrebbe e dovrebbe imparare tutto quello che ha a che fare con la vita a casa sua, senza andarsene tanto in giro per scuole d'infanzia. Certo, come no. Però allora vorrei chiedere a questi signori (e signore) quanto possono permettersi di rimanere a casa senza lavorare. Un anno? Due? Fino alle elementari? Alle medie? All'università? Io, per esempio, non potevo. E non avendo nonni che avrebbero potuto tenermi Viola tutti i giorni, quella dell'asilo nido è stata più che altro una scelta obbligata, oltre che una gran bella soluzione. Perché, diciamolo: stacci tu a giocare con tua figlia otto ore al giorno. È come un turno in fabbrica. Anche se dal lunedì al venerdì per mezza giornata se la gode qualcun altro, non sarà poi tutto questo dramma.

Come avrete ormai capito, sono decisamente una fan del *kindergarten*. Tuttavia, non volendo mettere mia figlia in difficoltà, per l'inserimento ho comunque aspettato che fosse in grado di parlare, o quanto meno di dire quelle due o tre parole – «acqua», «pappa», «cacca» – che le avrebbero permesso di farsi capire; ma soprattutto ho voluto che prima fosse capace di camminare. Il fatto di stare in piedi, alla stessa altezza degli altri bambini che già si muovono da soli, credo sia molto importante sia fisicamente che psicologicamente, perché permette a quei marmocchietti maldestri di sentirsi a proprio agio e quindi di acquisire più sicurezza.

Perché, è vero, quando la porti all'asilo le dici sempre di fare la brava, di non litigare coi suoi compagni, ma nel profondo del tuo cuore di mamma speri che, in caso di baby-rissa, sappia farsi rispettare; che tra prenderle e darle, cioè, sia lei quella che le dà. In questo, devo dire, Viola non ha mai avuto problemi; anzi, a volte purtroppo esagera. Quando ho scoperto che ogni tanto strattonava o morsicava i suoi compagni, ho subito chiesto alle maestre di rimproverarla e di metterla in castigo – come faccio anch'io a casa. Dopo il carcere duro non reitera il crimine, e quindi a volte gode anche di sconti di pena in virtù della sua buona condotta. È ubbidiente, insomma, ed è anche onesta, perché a domanda – «Viola, sei stata tu a morsicare Jacopo?» – risponde sempre la verità (e cioè che sì, effettivamente ha appena morsicato Jacopo).

All'asilo nido, il grosso problema di Viola comunque non è stato quello del rapporto con gli altri bambini, né quello del mangiare (è l'unica che chiede sempre il bis sia del primo sia del secondo: «Anco-la, peffavóle»). Il problema di Viola – e chi lo avrebbe mai detto? – è stato soprattutto il sonno. All'inizio, a fatica faceva un pisolino pomeridiano di una mezz'oretta. Ora, dopo un intero anno scolastico di addestramento, siamo arrivate all'ora e un quarto, ma c'è voluta davvero grande pazienza e costanza. In questi casi, la severità serve a poco; aiuta molto di più parlarle e cercare di farle capire che se tutti i suoi compagni dormono è giusto che lo faccia anche lei; quando poi sarà grande, avrà tutto il tempo che vuole per le ribellioni (mettersi un anello al naso, farsi un tatuaggio e perfino saltare il riposino pomeridiano).

Se fa storie per dormire quando è notte, naturalmente il discorso è diverso. Quando alle tre del mattino piange perché per lei è ora di tirare fuori tutti i suoi pupazzetti e giocare al bosco incantato, serve molto più rigore: senza mostrare esitazioni, la si infila di peso nel suo lettino, le si spiega che è buio, che il sole è andato a dormire perché era molto stanco, che è proprio il momento in cui *tutti tutti tutti* gli esseri viventi della terra DEVONO fare la nanna, e poi la si saluta e la si lascia lì a strillare con tutta la sua dotazione anti-panico: ciuccio, acqua e amico del sonno accanto al cuscino. Non bisogna mollare mai. Cedi una volta ed è la fine: senza nemmeno accorgertene ti ritroverai a salutare l'alba giocando a cavalluccio, con tua figlia vispa come un grillo che ti frusta sulla schiena per tutto il salotto al grido di «Anco-la, anco-la!».

Per inciso: questo suo scarso amore verso il lettino credo che Viola l'abbia ereditato da noi. Sia io che Eugenio, infatti, non siamo dei grandi dormiglioni e anche dopo una serata brava, magari d'inverno con la neve alta fuori dalla finestra, non abbiamo mai poltrito oltre le dieci del mattino. Fermi non ci sappiamo proprio stare. E per Viola è lo stesso: anche a lei piace ottimizzare la sua giornata e da campionessa dell'efficienza qual è, vorrebbe farci stare dentro quante più ore di gioco possibile. Perciò è facile che giustamente si chieda: «Perché vogliono farmi dormire a tutti i costi il pomeriggio quando sono sicura che avrei un rendimento altissimo? Perché dormire la notte, e buttare via tutte quelle ore di divertimento assicurato? Perché doversi fermare?». Perché nella vita, figliola, le cose funzionano così. E non è che si possa sempre fare tutto quello che ci pare.

Per fortuna all'asilo ci sono quelle sante ragazze delle educatrici che sono davvero delle professioniste del bambino. Senza contare che sono attrezzate per qualsiasi tipo di sballo: colori per disegnare, materiali con cui impiastricciarsi orribilmente le mani, i capelli e i vestiti, palline da tirarsi negli occhi. E ancora: favole sempre nuove, strumenti musicali, scivoli, dondoli, birilli, aggeggi misteriosi. Chi è che in casa propria può vantare un'offerta così? Nessuno. A casa, visto il *solito* cartone, letto il *solito* libro, ballata la *solita* canzone, costruito il *solito* puzzle, vestita la *solita* bambola, cos'altro le puoi far fare? All'asilo, invece, la qualità del gioco è nettamente superiore; anche solo per il fatto che hanno gli amichetti e possono divertirsi tutti assieme. E non è per niente un dettaglio che imparino a stare in gruppo sotto la guida di persone qualificate.

Quando l'ho iscritta, era questo quello che stavo cercando: una struttura vicina, bella, con un grande giardino (e il parco all'interno del quale è costruito l'asilo lo definirei assolutamente perfetto); una classe multiculturale, che consentisse a Viola di crescere avendo un'idea realistica di quello che è il mondo d'oggi (e non di quello che qualcuno vorrebbe che fosse – credo molto nel concetto della «non-diversità»); ma soprattutto, mi interessava che ci fossero ragazze competenti, e possibilmente anche giovani: senza niente togliere alle maestre più *agée*, ci vuole un sacco di energia per star dietro all'iperattività di mia figlia.

Non era importante che fosse pubblico o privato, perché all'asilo nido si parla ancora solo di intrattenimento e di giochi (il dubbio, casomai, ce l'ho pensando alle elementari, e la questione non è tanto «scuola pubblica o privata», quanto «italiano o inglese»: se ci fossero scuole statali con un ottimo livello d'inglese, la manderei di certo lì). Il punto non è quanti soldi ha un asilo e quanti l'altro, ma il materiale umano su cui è letteralmente costruito: le maestre. L'elemento fondamentale sono loro, le persone; e ci può essere una maestra bravissima al comunale, così come un'incapace al privato.

Io all'asilo di Viola ho incontrato delle ragazze meravigliose. E sono felice che mia figlia si sia affezionata così tanto a loro: il rapporto tra Viola e le sue maestre non mi ha mai fatto mettere in dubbio il rapporto che c'è tra me e lei. Lo so, sembra una cosa assurda, ma alcune donne non mandano all'asilo i propri figli perché sono gelose e non riescono a convivere con l'idea che i loro bambini possano voler bene a un'educatrice, o anche solo ascoltare l'insegnamento di qualcun altro (papà compreso). Deve essere faticosissimo per una mamma vivere con questo tipo di ossessione. Per fortuna, io almeno questa l'ho scampata. Anzi, avendo trascorso un'infanzia felice in una comune, con tanti altri bambini e soprattutto con tanti adulti che si occupavano tutti assieme di noi, per me è l'esatto opposto: più sono le persone con cui posso condividere l'educazione di Viola – oltre a Eugenio, mia madre e agli altri nonni (mio padre purtroppo non c'è più) –, meglio è.

In particolare, credo che le educatrici dell'asilo nido (ovviamente se sono persone fidate) debbano avere totale libertà di manovra. Anche perché spesso siamo noi mamme ad avere qualcosa da imparare da loro. Io sono una novellina alla prima esperienza, mentre loro hanno a che fare con questa roba tutti i santi giorni da quindici anni: è chiaro che sanno molto meglio di me dove mettere le mani. La direttrice dell'asilo, per esempio, ha quattro figli: sarebbe uno spreco non farsi insegnare qualche trucchetto da lei. Con loro, abbiamo costruito delle sinergie: all'inizio, ovviamente, ho dato le mie linee guida da seguire, ma su molte questioni pratiche ci siamo consultate. Mangiare con le mani? Loro mi hanno chiesto se volevo che usasse la forchetta; per me, per il momento, non era una priorità, perciò abbiamo deciso insieme che per i primi mesi nessuno la forzerà a usare una posata, così evitiamo anche che sviluppi un cattivo rapporto col cibo.

Su molte questioni macroeducative più volte mi sono affidata al loro giudizio e alla loro esperienza. Mi è capitato, ad esempio, di farmi suggerire da loro come comportarmi durante una fase di Viola che magari non sapevo come affrontare. O anche solo di farmi dire che tipo di castigo utilizzare. Per quello, in particolare, abbiamo stabilito una strategia comune per fregare Viola su due fronti, stringendola così nel classico «assedio a tenaglia». Ovunque sia, adesso, a casa come all'asilo, quando viene messa in punizione si ritrova seduta da sola su una sedia, lontano dal gioco. È una questione di chiarezza: se a casa le toccassero venticinque flessioni, potrebbe confondersi; così, invece, le è sempre inequivocabilmente chiaro quando ha fatto una cazzata.

E come ulteriore strumento di controllo ci sono i report quotidiani: quando la vado a prendere, mi faccio sempre dire come si è comportata, che giochi ha fatto, se ha fatto arrabbiare. La cosa ha tre utilità; primo: io vengo a conoscenza di tutti i suoi segreti. Secondo: da come parliamo di lei, Viola può capire se è stata brava o no, e farsi un bel bilancio di fine giornata (nella vita, prima capisce che non bisogna rifare gli stessi errori due volte, meglio è). Infine, terzo: assistendo in diretta al passaggio di informazioni, capisce che io e le ragazze siamo schierate sullo stesso fronte, che loro sono le mie spie e che c'è una chiara cospirazione ai suoi danni (nella vita, prima scende a patti col concetto di autorità e di «Grande Fratello», meglio è).

Dalle maestre, mi faccio anche riferire regolarmente cosa ha mangiato. Detta così, sembra una di quelle curiosità morbose da madre iper-apprensiva; invece è fondamentale per imparare qualcosa di più sui gusti di Viola. I bambini, si sa, con questa storia del mangiare sono un po' alle prime armi, non hanno ancora ben capito cosa gli piace e cosa no; magari a casa rifiutano una verdura per capriccio ma poi il giorno dopo all'asilo sono capacissimi di mangiarne un chilo. Perciò, se la maestra non ti spifferasse cortesemente tutte le sperimentazioni alimentari di tua figlia, potresti non scoprire mai la sua inedita passione per la pasta coi broccoli.

Insomma, farsi aiutare dalle educatrici, oltre a essere molto utile, è anche una questione di intelligenza. Perché educare un bambino è sempre uno sporco mestiere, e mica vorrete farlo tutto da sole, no? E poi anche coi figli è un po' come con gli uomini: a passare troppo tempo insieme, finisce che magari ci si viene un po' a noia. Perciò, prendete la buona abitudine di separavi da loro almeno per qualche ora ogni giorno, portateli all'asilo: non potrà che farvi bene. La lontananza, si sa, è come il vento: spegne i fuochi piccoli, ma rafforza la sacra pira dell'amore materno.

La Grande Competizione

Non sarai mai una madre perfetta

Gli etologi hanno scoperto che, per meglio sopravvivere alla lotta per la vita, molti animali di branco cooperano tra loro: le orche cacciano tutte insieme, gli elefanti si coordinano per procurarsi il cibo, le scimmie si spulciano e si fanno favori; pure formiche, api e pipistrelli si organizzano in colonie. Moltissime creature, insomma, mettono in atto comportamenti altruistici: invece di litigare, collaborano per ottenere un bene più alto.

Poi ci siamo noi esseri umani. Per una pura questione di somiglianza fisica, uno si aspetterebbe che ci comportassimo come le scimmie e scegliessimo anche noi la solidarietà. Invece no. La nostra razza fin dalla notte dei tempi sembra avere una spiccata vocazione per la competizione: stavamo ancora sugli alberi, e già facevamo a gara a chi aveva il cucciolo più bello. Oggi che siamo evoluti e viviamo tutto il giorno connessi a un computer, perseguitiamo gli altri con le foto dei nostri bambini su Facebook. Non siamo cambiati: ci vantiamo ancora dei nostri cuccioli.

Quella fra genitori è una gara senza esclusione di colpi e coinvolge tutti, soprattutto le mamme. Restarne fuori è praticamente impossibile. Puoi anche essere una donna poco competitiva, una che non cerca mai confronti: non importa, saranno i confronti a cercare te. Da quando avrai un figlio, ti verrà naturale paragonarti alle altre mamme, spiare cosa fanno e giudicare le loro azioni; nella metà dei casi, sarai convinta di saperne di più e farai il fenomeno; nell'altra metà, ti sembrerà che le altre siano tutte più brave di te e ti sentirai una merda.

La competizione, in realtà, inizia già prima di diventare genitore. Il primo livello di sfida, infatti, precede la gravidanza e coincide col momento in cui avete deciso di avere un bambino. Il gioco s'intitola: *Facciamo a chi rimane incinta prima*, ed è riservato in particolare alle donne che, come me, sono arrivate a desiderare la maternità verso i trentacinque anni, perciò temono di non essere più capaci di procreare. È esattamente qui che si scatena la gara a chi ce la fa con meno tentativi; se, per tua sfortuna, sei una di quelle che hanno difficoltà e stai vagando nel purgatorio dei diagrammi di fertilità, della conta degli spermatozoi e del sesso coatto nei giorni fecondi, hai buone probabilità di vincere una fornitura gratis di ansie e frustrazioni. Questo farà sì che tu ti senta una vera schifezza e sia perseguitata dal pensiero ossessivo di non essere «adatta».

Se riesci a superare questo step e rimani incinta, puoi passare al girone successivo, quello in cui si gioca a *Chi ha la gravidanza più perfetta.* Anche qui, è tutto molto semplice: si comincia con le nausee («Vomitare tutte le mattine fino alla fine del quarto mese? Mah, io, veramente, giusto un po' di fastidio i primi due»), per poi toccare l'apice quando i segni della gestazione si cominciano a vedere. A quel punto, ciò che conta non è tanto poter sfoggiare una pancia dalla forma perfetta (a punta, a pera, tonda come un pianeta); e nemmeno poter esibire tette improvvisamente lievitate di un paio di taglie (io già ai primi mesi ero passata da una seconda alla quarta). L'unico aspetto rilevante è: quanti chili stai mettendo su.

Se sfondi il tetto dei 15, sei dannata per sempre e gente malvagia riderà alle tue spalle dicendo: «Poverina, hai visto come si è sformata». Se sei rimasta sotto agli 11, potresti considerarti al sicuro, almeno fino a quando qualcuna, vedendo che non ti è cresciuto un culone grande come una provincia, potrebbe dirti: «Ma sei tutta pancia, non hai preso neanche un etto!». Ebbene: se a parlare è un'amica, è sicuramente un complimento; se invece è un'altra gestante incontrata negli appositi luoghi di raduno per future-mamme (tipo il corso preparto), potrebbe trattarsi di un chiaro caso di «invidia comune». Perciò sorridete, tagliate corto e andate via (oppure, visto che non siete affatto donne competitive, potete sempre restare lì e arrivare allo scontro frontale).

Il corso preparto è senza dubbio la cornice ideale per ingaggiare le prime vere sfide con le altre genitrici. Quando scatta il *question time*, per esempio, è un po' come tornare al liceo, e se hai la tendenza a essere secchiona, cominci a guardare dall'alto in basso chiunque ne sappia meno di te. Non importa se la malcapitata è una povera neofita ai primissimi mesi di gravidanza e tu già all'ottavo: quando alza la mano e chiede «È meglio che smetta di andare in bicicletta?» o «Posso mangiare il salame?», la guardi con compassione e alzi gli occhi al cielo per lo scandalo. Bicicletta e toxoplasmosi sono le basi e tu lo sai bene perché al terzo mese ti eri già letta tre manuali di puericultura, venti studi sulla gravidanza e tutta l'enciclopedia pratica del bambino.

Durante la gestazione si può inoltre partecipare a un'altra gara, quella per i movimenti del pupo nella pancia: «Mia figlia scalcia dalla mattina alla sera!». «Non lo dire a me: il mio ha il ballo di San Vito e la notte non mi lascia dormire.» Quando ero incinta, tutte le mamme che incontravo sembravano portare in grembo un piccolo Tony Manero; mia figlia, invece, non si muoveva mai. Siccome non sono affatto competitiva e i paragoni non mi interessano, ho pensato subito che fosse colpa mia, che fossi io a non sentire le «sante pedate» di mia figlia contro lo stomaco come tutte le altre. All'ottavo mese, per fortuna, ci ha pensato direttamente Viola a eliminare ogni dubbio: ha iniziato ad agitarsi senza freni e non ha più smesso nemmeno dopo che è uscita da lì.

Ma il vero momento clou della guerra fra mamme è il contest più duro di tutti, quello del *Parto rapido e indolore*. C'è sempre una che dice: «Sono entrata, quattro spinte e ho fatto»; a sentirle, sembra che abbiano sparato una palla di cannone. La mia esperienza è stata un vero strazio, perciò non avrei mai potuto competere per la categoria. In compenso, ho certamente ricevuto una nomination per il *Parto più pulp dell'anno*, trofeo che, nonostante l'impegno, non ho vinto perché tante donne hanno sofferto molto più di me. Ad ogni modo, per la mia coraggiosa partecipazione, ho avuto in omaggio un bel trauma (che tutt'oggi conservo nella vetrinetta del salotto).

Dopo il parto, visto che dei confronti non me ne frega nulla, per un po' mi sono colpevolizzata per il fatto di non essere stata brava come le altre; poi ho smesso, ma solo perché nel frattempo la competizione si era spostata al livello successivo. Era infatti ormai tempo di giocare a *Chi è più brava a crescere il bambino*.

Sei o non sei una buona madre? Tutto dipende da: 1. quanto latte hai (ovviamente se ne produci quanto una mucca svizzera, accumuli più punti); 2. quanto velocemente tuo figlio si è attaccato alla tetta appena nato (se lo ha fatto subito, sarà considerato un essere benedetto dal cielo); 3. quanto dorme (se piange tutto il tempo, è ovviamente perché «sente» che la madre è nervosa, quindi è colpa tua); 4. per quanti mesi continui ad allattare (le madri perfette vanno avanti anche per un anno; io «solo» sei mesi, e mi sono sentita in colpa per essermi prosciugata tanto in fretta).

In questo periodo, inoltre, l'altra competizione agguerrita tra neomamme è quella per il ritorno alla forma fisica: *Chi ci mette meno a tornare magra?* Io ero partita benissimo: in gestazione ero stata molto attenta e subito dopo il parto ero tornata esattamente come prima. Poi però, durante l'allattamento, con la scusa che dovevo nutrirmi, mi sono sfondata mangiando mezza torta al giorno, e ho ripreso quattro maledettissimi chili. Per buttarli giù, mi sono uccisa di palestra tre volte a settimana: dato che sono davvero poco oggettiva quando mi paragono alle altre, mi sembrava che tutte si fossero rimesse in sesto molto più in fretta di me, e non avevo pace.

Peraltro, ho la sensazione che a Milano questo tipo di competizione sia più forte che in altre parti d'Italia: sarà per la moda, per lo stile di vita performativo, ma sotto la Madonnina una mamma deve tornare immediatamente a essere «donna»: gnocca, curata e molto tonica. Per farlo, hai tempo poco più di un quadrimestre, e non ci sono esami di riparazione. In palestra, ho visto esseri dell'altro mondo che a tre mesi dal parto avevano già gli addominali scolpiti, mentre noi altre comuni mortali sudavamo disperatamente per due chili superflui che avevamo ancora addosso dopo un anno. A questo proposito, è bene aprire una parentesi sulla relazione tra il nostro grasso e l'universo maschile. Perché si sappia: fino a dieci chili, il maschio tende a non accorgersi di niente; il suo apparato visivo, infatti, non è abbastanza sensibile per cogliere quei due o tre chili in più che per noi sono una sciagura apocalittica (del resto, non notano nemmeno se ti tagli i capelli); perciò non tormentatevi per così poco.

Lasciate perdere anche le competizioni legate al sesso, quella in cui vince chi ci mette meno a tornare attiva. Ci sono donne che dicono: «Io? Subito! Dopo tre mesi!» e tu che sei alle prese con la totale scomparsa della libido cominci a credere di essere patologica. La verità è che nove volte su dieci quelle che dicono così dopo tre mesi hanno sì scopato, ma giusto un paio di volte, tanto per rifarsi un'idea; tutto il resto del tempo lo hanno molto probabilmente passato come voi: in trincea, sequestrate da un neonato e senza la minima voglia di essere toccate.

Se proprio dovete farvi venire qualche paranoia, fatelo durante la fase dello svezzamento: quello sì che è un momento eccezionale per scatenare i paragoni più malsani. I bambini delle altre? Trangugiano sempre senza storie qualsiasi pappina, mentre il tuo magari non ne vuole sapere nemmeno del biberon. E il fatto che tuo figlio non mangi non può che metterti un'ansia terribile: se non mangia non cresce, e se non cresce è sicuramente perché tu non sei una brava madre. Io, che mi ero tanto avvilita per il parto e per il conseguente dissesto fisico, proprio in questa fase ho finalmente cominciato a riprendermi: Viola non dormiva, ma in compenso rispetto a molti altri bambini mangiava come un ussaro e cresceva a vista d'occhio. La competizione non mi interessa, ma la mia autostima ha avuto lo stesso un'impennata.

In generale, l'evoluzione del pupo offre continui motivi di paragone con gli altri, e ogni piccolo progresso a cui assistete è un motivo in più per stimarsi. E un punto in più sul tabellone. In questo senso, più che l'inizio del gattonamento (che è una fase che qualche bambino addirittura salta), quello che conta davvero è il «momento Lazzaro», ossia quando si alza e cammina. In fondo, anche per la nostra specie il passaggio evolutivo fondamentale è stato l'*homo erectus*, no? Per cui, quando finalmente tuo figlio si tira su reggendosi a una sedia e poi si lancia attraverso la stanza per la sua prima passeggiata, ti senti come se lo avessero già eletto presidente dell'Onu. Di solito, le femmine iniziano a camminare attorno all'anno di vita, mentre i maschietti ci mettono di più, ma questo è irrilevante: paragonare tra loro i bambini non ha senso, ognuno ci arriva quando è pronto. Poi, per carità, esistono anche delle creature straordinarie (per fare un esempio a caso: Viola) che a dieci mesi già marciano spedite, e così le loro mamme (per fare un esempio a caso: me) si montano un po' la testa e pensano di aver partorito un genio.

Il successivo banco di prova è quello della parola. Di solito, questa fase cruciale inizia a due anni; le femmine come sempre ci arrivano prima, i maschi sono più lenti. Viola ha pronunciato le sue prime parole con tempismo perfetto (che bambina stupefacente), e ha anche dimostrato subito di avere delle doti eccezionali (era praticamente già bilingue); ma questi sono dettagli. La cosa interessante è invece che Viola ha subito imparato a dire «acqua», invece di un più banale «palla» o «pappa». Secondo me questo dimostra senza ombra di dubbio la sua intelligenza fuori dal comune: ha sempre sete, beve come un cammello, perciò deve aver pensato che la prima cosa utile da conoscere fosse la parola per riempire il biberon. Fatta questa constatazione, la mia autostima è cresciuta di un altro palmo.

In realtà, tranne che per qualche breve istante, non ho mai creduto sul serio che mia figlia fosse un fenomeno. Anzi, la ragazza ha presentato fin da subito due terribili criticità: 1. appena nata era calva come il tenente Kojak; 2. non mostrava alcun talento per il vasino. Per i capelli, pochi ancora adesso, mi sono rassegnata; vorrà dire che aspetterò con pazienza il felice giorno in cui potrò farle finalmente i codini. Quanto al vasino, la cosa è stata molto più problematica. Viola aveva quasi due anni; già nuotava da sola coi braccioli, si tuffava in acqua senza timore e si arrampicava su per la scaletta della piscina; ma quando si trattava di capire che doveva farla nel vasino non c'era verso. Gliel'ho spiegato, l'ho portata in bagno con me, le ho perfino fatto vedere come si fa (avrebbero dovuto riprendermi mentre mi chinavo su quel lillipuziano water di plastica e cercavo di centrarlo); ho fatto mille sforzi, ma sembrava tutto inutile: evidentemente era proprio una cosa che non le interessava. Del resto, era anche comprensibile: visto che era perennemente in movimento, trovava molto più comodo farsela addosso invece di perdere tempo ad andare al cesso. Ero molto preoccupata: già me la immaginavo con il pannolino alla sua festa dei diciotto anni. Mia mamma, però, mi ha tranquillizzato: «A due anni e mezzo, tu hai fatto tutto da sola e in una settimana hai imparato a essere autonoma» (tutti bambini prodigio, in famiglia). Con mio grande sollievo, la profezia della nonna si è avverata poco dopo, e così ho avuto un nuovo fiore da mettere all'occhiello.

Se a questo punto state pensando che io abbia uno spirito di competizione un po' eccessivo e che mi vanti di mia figlia senza ritegno, vi perdono: è solo perché non avete ancora avuto un bambino. Per quanto adesso diciate che siete persone superiori e che i paragoni non vi interessano, quando avrete un bambino farete esattamente come me: per pudore, eviterete di scendere in strada con la fanfara per festeggiare la sua prima capriola, ma nel segreto delle vostre case anche voi ululerete d'orgoglio e penserete che come la vostra creatura non c'è nessuno. Per riflesso, questo vi farà irragionevolmente sentire genitori migliori degli altri. Se invece qualcosa dovesse andare storto o il pupo si rivelasse un po' più lento, vi addosserete carichi e carichi di colpe, e vi sentirete il peggior padre o la peggior madre di tutta la terra.

C'è solo una cosa su cui i genitori evitano di far scattare la competizione: le malattie. Del resto, che senso avrebbe fare a gara a chi batte il record delle sinusiti o delle tonsilliti per stagione? Ho visto mamme disperate perché da quando i figli vanno al nido ogni settimana ce n'è una, e a nessuno verrebbe mai in mente di invidiarle. In compenso, è vero il contrario: se tua figlia non si ammala mai, un po' di invidia la scateni, ma questo è perché siamo tutte persone adulte, e certi assurdi confronti non ci interessano.

Viola non ha mai avuto problemi: quando tutti gli altri bambini avevano il cimurro, l'otite, la pertosse e il catarro, lei zompettava sana come un pesce (è proprio una creatura unica). Ho una mia teoria sul perché abbia sviluppato un sistema immunitario così efficiente: certo, l'allattamento al seno le ha fatto bene (per caso, ho già parlato di quanto fosse nutriente il mio latte?), ma credo sia stato determinante anche il fatto di non averla vaccinata subito. E qui, si apre un'annosa diatriba tra diverse scuole di pensiero: c'è chi dice che le vaccinazioni vanno fatte tutte e subito, e chi invece le teme peggio della peste bubbonica. Io credo che anche in questo caso si possano trovare delle vie di mezzo: ho scelto di vaccinare Viola solo quando aveva compiuto un anno, come si fa negli altri Paesi europei (fino al gennaio 2010, in Italia invece i vaccini erano obbligatori al terzo mese di vita). Gli effetti collaterali, infatti, possono essere piuttosto forti (febbre, rash cutanei, infezioni) e i vaccini sono sempre un bello shock per il sistema immunitario di un neonato; sottoporlo all'esavalente quando pesa 4 chili bene non gli fa; meglio aspettare che ne pesi 16 e che si sia un po' irrobustito.

Sia chiaro: non sto affatto suggerendo di non vaccinare i propri figli (ognuno si documenti e poi faccia le sue valutazioni), ma sono per il buon senso: a Viola ho fatto l'antidifterica, l'antipolio e l'antitetanica (che per sbaglio, anche coi medici, ho sempre chiamato «l'antiruggine»). Quando ha avuto la candida per un mese ho pensato che forse poteva bastare.

Ma, oltre alla spinosa questione dei vaccini, di dibattiti infiniti fra mamme potrei citarne a migliaia: pediatra o omeopata? Cibo biologico o omogeneizzato industriale? Latte vaccino o latte di capra? Scarpe anatomiche o piedi nudi? Tolleranza per un minimo di zozzeria (così si forma gli anticorpi) o disinfezione compulsiva di tutto (guai se si mette qualcosa in bocca)? Nanna: solo nella culla o anche nel lettone fra mamma e papà? Non di rado queste discussioni sfociano in veri e propri duelli, verbali e non, e di certo sarà capitato anche a voi di osservare le più estremiste sfidarsi a singolar tenzone, brandendo come una lancia l'ultimo numero di «Donna & Mamma».

Il punto è che la competizione oltre a essere poco interessante non serve a niente: è un meccanismo che inneschiamo solo per insicurezza, ma che ci regala più che altro tante belle frustrazioni. Fortunatamente, però, non esiste solo l'istinto alla rivalità: tra le mamme, oltre a qualche inevitabile confronto, può nascere anche solidarietà. Cominci ad esempio a prestare attenzione a cose che prima nemmeno vedevi: una donna col passeggino incastrata fra gradini, borse della spesa e sportello della macchina, prima era un dettaglio paesaggistico; adesso invece, il tuo radar la intercetta subito e istintivamente corri a dare una mano (a meno che in quel momento anche tu non sia alle prese con gli stessi problemi).

La solidarietà tra mamme scatta in automatico, così come certe alterazioni del comportamento. Io, ad esempio, mi sono accorta di aver cominciato a guidare in modo diverso: non che prima fossi pericolosa, ma ora davanti alle strisce pedonali mi fermo sempre, anche se la mamma che deve attraversare è ancora in un altro isolato. Spesso mi fermo anche se le strisce non ci sono: basta che una col bambino in braccio faccia anche solo il gesto di scendere dal marciapiede, e io freno. Non ci posso fare niente: mi viene spontaneo; e secondo me, viene spontaneo a molte: siamo connesse a questa specie di «social network mammesco» in cui, sintonizzate sulla stessa frequenza, intercettiamo i bisogni delle altre e ci copriamo le spalle a vicenda.

Non farlo, del resto, sarebbe un suicidio. Perché arriva sempre il giorno in cui sei davanti alla porta dell'Eurostar con un trolley, uno zaino e un passeggino ripieno di figlia, devi salire a bordo e nessuno ti dà una mano. I maschi non lo fanno perché pensano che la cavalleria sia una cosa dell'Ottocento e che le donne moderne, visto che sono così emancipate, ad aiutarle si offendano. E se non arriva un'altra donna a darti manforte, un'altra che capisce al volo cosa c'è da fare, puoi solo infilarti la figlia in una tasca, la valigia nell'altra e con un colpo di reni scaraventare il passeggino dentro alla carrozza.

Posso capire che i maschi non ci arrivino, ma se non ci aiutiamo fra noi, siamo perdute, sarebbe un autosabotaggio. Perciò, ecco il mio appello: donne, quando ci incontriamo in situazioni di difficoltà, diamoci sempre una mano. Non fa differenza che abbiate già avuto un figlio o no; aiutate le future mamme o le mamme con i bambini ogni volta che le vedete: un giorno la stessa sorte potrebbe capitare anche a voi. Sono tempi cupi, tempi in cui c'è un gran bisogno di eroi, di gente che ti carica le valigie sul treno e di qualcuno che ti apre la portiera della macchina quando hai un neonato in braccio e tre borse della spesa in mano. Se gli eroi mancano, dobbiamo compensare con la sorellanza. Perciò, amiche, uniamoci e trasformiamo il mondo in un posto migliore: un posto in cui, come diceva Clint Eastwood, «quando una donna col passeggino incontra una donna senza passeggino, la donna col passeggino è una donna fortunata».

E poi, speriamo che anche gli uomini si sveglino.

Alcune (buone?) ragioni per continuare a fare figli

Esiste la possibilità che nonostante tutto quello che vi ho raccontato in questo libro ancora non vi sia passata la voglia di fare un bambino. La spiegazione è molto semplice: appartenete anche voi a quella nutrita schiera di donne che vivono di sensi di colpa e che pensano di dover essere punite. Insomma, un caso da manuale di sindrome di Masoch.

E quale punizione migliore dell'infliggersi nove mesi di tormenti fisici e svariati anni di rinunce, privazioni (del sonno, e non solo di quello), fastidi e paure?

Perlomeno, quando durante la gravidanza i vostri piedi si gonfieranno come cotechini e i vostri ormoni vi avranno ridotto in schiavitù, o quando vi aggirerete per il vostro salotto cullando il piccolo mostro che urla come un posseduto, o ancora, quando vi arrabatterete per portarlo, in rapida sequenza, a danza, tennis, equitazione, inglese e clarinetto, non potrete dire di non essere state avvisate.

D'altronde, io stessa, pur senza rinnegare nulla di quanto ho scritto, devo essere pazza quanto voi, al punto tale che il prossimo figlio è già in cantiere. Sì, perché la verità è che la nascita di Viola, nonostante tutto il carico di problemi piccoli e grandi che ha comportato, è stato un momento di felicità tale che lo rifarei altre cento volte – o anche solo una. Non avevo mai sperimentato un amore così incondizionato, e non c'è un altro sentimento paragonabile, nemmeno quello per il proprio uomo. Solo un figlio ti fa provare l'amore puro, quello che *non deve chiedere mai*. Prima, quando ero una non-mamma impenitente e sentivo dire che la maternità è il momento più alto della vita di una donna, pensavo fosse una solenne cazzata. Ora invece so che è così. E so che avere un bambino significa accettare la sfida della grandissima trasformazione che stai cercando: non ti trasformi né restando sul divano né andando ancora all'aperitivo a quarant'anni. Quando è stato il momento ho fatto tutte queste cose, me le sono godute, *but now it's gone*. E continuare a fare quella vita sarebbe come essere rimaste a guardare la prima serie di *Sex And The City*.

Se volessi fare bella figura, potrei raccontarvi che voglio un altro figlio per dare un fratello o una sorella a Viola, per farla crescere con qualcuno accanto. Ma ammetto che c'è anche un pizzico di egoismo: spero che una seconda gravidanza mi aiuti a superare il ricordo di due momenti orribili, il parto e l'aborto spontaneo che ho avuto circa un anno fa. È stato un vero trauma, e tra l'altro ha coinciso con il giorno del mio trentaseiesimo compleanno. Ho avuto una forte emorragia, che era stata preceduta da piccole perdite a cui non avevo dato molta importanza. Mi hanno portato di corsa in ospedale, ma all'ecografia il battito del feto non si sentiva più. Ho pianto, e in quel momento, ascoltando quel fortissimo silenzio ho realizzato quanto fosse importante quel suono; quando avevo sentito il cuoricino di Viola mi era sembrato normale, ma ora la sua assenza mi era insopportabile. Ho pianto per tutta la sera, alla festa per il mio compleanno, che non avevo fatto in tempo a disdire. Ho pianto fregandomene se chi non sapeva mi guardava stupito, chiedendosi cosa fosse successo. Era un dolore privato, che ho condiviso solo con gli amici più cari. Ma ora chc è passato quasi un anno vorrei tanto riprovarci.

Se fosse una femmina mi piacerebbe chiamarla Verde. Eugenio dice che l'abbinamento con Viola è troppo psichedelico, io gli rispondo che si vede proprio che non ha mai letto «Vogue» in vita sua. Comunque vedremo. Per il momento, per ricordare a me stessa, prima ancora che a voi, che ne vale davvero la pena, mi sono segnata una serie di ottimi motivi per fare un figlio. Me li sono appuntati sul frigo e quando passo di lì, ci do una sbirciatina. E quando Viola si mette a frignare me li ripeto come un mantra.

Per sentirti dire «Mamma sei bellissima» e illuderti che non stia cercando di ottenere qualcosa da te. Per avere un alibi per tirare giù dalla soffitta il tuo giocattolo preferito di quando eri piccola e giocarci davvero. Perché per qualche anno la frase «Perché lo dico io» è sufficiente a farla tacere (ma solo per qualche anno). Perché la crema di mais e tapioca che ti divori a cucchiai per accertarti che non scotti è davvero buonissima. Perché ti senti un pozzo di cultura (ma, di nuovo, solo per qualche anno). Perché i tuoi baci guariscono ogni ferita (sbucciature ai ginocchi comprese). Perché se commetti l'errore di appendere il primo disegno poi non hai più bisogno dell'imbianchino per anni. Perché nessun corpo si incastra tanto perfettamente al tuo quando la abbracci. Perché niente ti fa addormentare serena come la sua testolina appoggiata al tuo cuscino. Perché ogni complimento fatto a lei è un mezzo complimento fatto a te.

Ma c'è un motivo più importante di tutti: un giorno – succederà magari mentre la inseguite per soffiarle il naso, oppure mentre cercate di convincerla a mangiare anche se non ha fame – un giorno, dicevo, all'improvviso senza nemmeno guardarvi vi dirà: «Dai, mamma, uffi». Che tradotto nel linguaggio degli adulti significa: «Mamma, hai finito di rompermi le palle?». In quell'istante capirete che quel piccolo essere che è stato per nove mesi nella vostra pancia, che avete nutrito con il vostro stesso corpo, amato più di voi stesse e accudito ventiquattro ore su ventiquattro è ormai definitivamente, irrimediabilmente, una creatura autonoma da voi. Con una sua personalità. Spesso del tutto diversa dalla vostra. E come se non bastasse cammina, parla, mangia da sola, non ha più il pannolino: è andata.

Questa scoperta sul momento potrebbe gettarvi nello sconforto ma poi, com'è successo a me, capirete che i figli si fanno proprio per lasciarli andare, ne sarete felici, e vi metterete buone buone in un angolo a spiare come andrà a finire.

Indice

Alcune (ottime) ragioni per non fare figli 7

L'ora X
La fregatura dell'orologio biologico 13

La gravidanza
Nove mesi in mongolfiera 27

Il parto
Crederai di morire (ma sarà solo l'inizio) 41

I primi tre mesi
Notti in bianco e baby blues 57

Le vacanze
(Se ancora vuoi chiamarle così) 75

La vita di coppia e il ruolo del papà
Una volta avevi un uomo, oggi tua figlia ha un padre 91

Tata e nonni
Soluzioni a cui ricorrere quando non ce la fai più 111

L'asilo nido
La più grossa invenzione al mondo dopo il biberon 125

La Grande Competizione
Non sarai mai una madre perfetta 141

Alcune (buone?) ragioni per continuare a fare figli 157

Finito di stampare nel mese di agosto 2011
presso Grafica Veneta – via Malcanton, 2 – Trebaseleghe (PD)

Printed in Italy